जापानी साहित्य दर्शन

जापानी साहित्य दर्शन
मेइजी से शोवा तक

उनीता सच्चिदानन्द

राजकमल प्रकाशन

ISBN : 978-81-267-0620-4

मूल्य : ₹595

पहला संस्करण : 2002
पहली आवृत्ति : 2023
This book is printed on **Print on Demand** Technology : 2026

प्रकाशक : राजकमल प्रकाशन प्रा.लि.
1-बी, नेताजी सुभाष मार्ग, दरियागंज
नई दिल्ली-110 002
शाखाएँ : अशोक राजपथ, साइंस कॉलेज के सामने, पटना-800 006
पहली मंजिल, दरबारी बिल्डिंग, महात्मा गांधी मार्ग, प्रयागराज-211 001
वेबसाइट : www.rajkamalprakashan.com
ई-मेल : info@rajkamalprakashan.com

JAPANI SAHITYA DARSHAN
by Unita Sachidanand

सची के लिए

दो शब्द

भारत और जापान के राजनयिक सम्बन्ध की इस स्वर्ण जयन्ती वर्ष में जापानी लोक साहित्य, बाल तथा आधुनिक साहित्य की इस श्रृंखला को भारतीय पाठकों को समर्पित करते हुए मुझे अपार हर्ष हो रहा है। इस श्रृंखला में 12 पुस्तकें प्रकाशित हो रही हैं। इनमें से दो पुस्तकें जापानी लोक कथाओं और तीन जापान के विशिष्ट बाल कथाकारों की चुनिंदा रचनाओं से सम्बन्ध रखती हैं।

इन पुस्तकों में मैंने नीइमी नानकिचि, हामादा हिरोसुके, त्सुबोता जोजी, मुशानोकोजी सानेआत्सु, ओगावा मिमेई और शिमाजाकी तोसोन जैसे दिग्गजों की रचनाओं को सम्मिलित किया है। दो और पुस्तकें अग्रणी समकालीन कथाकार ओका शूजो की बहुचर्चित पुस्तक 'बोकु नो ओनेसान' का अनुवाद है जिसे मैंने जापान की श्रीमती योशिको ओकागुची के साथ मिलकर सम्पन्न किया है।

आधुनिक एवं समकालीन जापानी साहित्य का अवलोकन अन्य पाँच संकलनों में आयोजित करने की चेष्टा की गई है। इनमें जहाँ कावाबाता यासुनारी की हथेली-भर कहानियाँ हैं वहीं मियाजावा केन्जी, आवा नावाको और ओगावा मिमेई की फंतासी, आकुतागावा र्‍यूनोसुके का व्यंग्य, शिगा नाओया, आरिशिमा ताकेओ व मात्सुतानी मियोको की भावपूर्ण संवेदनात्मक रचनाएँ भी हैं।

जापान के आर्थिक और सामाजिक विकास की यात्रा, द्वितीय विश्व महायुद्ध के विध्वंसक परिणामों तथा पूंजीवादी प्रोद्योगिकीकरण से प्रभावित सामाजिक और आर्थिक हलचलों को संबोधित करते आबे कोबो, साता इनेको तथा हायाशी फुमिको की रचनाएँ एक अलग ही पहलू से हमारा साक्षात्कार कराएँगी। बारहवीं पुस्तक आधुनिक जापानी साहित्य और साहित्यकारों से भारतीय पाठकों का परिचय कराएँगी। उम्मीद है कि इन पुस्तकों के जरिए जापानी साहित्य की एक लघु यात्रा पाठकों को पसंद आएगी। पिछले पाँच वर्षों से मैं इस कार्य के सम्पादन में प्रयत्नशील रही हूँ। इस कोशिश में मेरा

हौंसला बढ़ाते और हर पल सहयोग करते मेरे कई मित्रों का महत्वपूर्ण योगदान रहा है।

सर्वप्रथम मैं भारत में जापान के राजदूत श्री हिरोशी हीराबायाशी के प्रति अपना आभार प्रकट करना चाहती हूँ जिन्होंने इस कार्य के लिए मुझे प्रोत्साहित किया। जापान की संस्कृति व सूचना केन्द्र के निदेशक श्री मिनेमुरा, राजदूत के विशिष्ट अधिकारी कु. हिरोमी सातो और श्री शिनसुके जो स्वयं बखूबी हिन्दी भाषा और साहित्य की अच्छी जानकारी रखते हैं; जापान फाउण्डेशन के निदेशक श्री फुकाज़ावा एवं उपनिदेशक कोजी सातो का मैं धन्यवाद करना चाहूँगी जिनका सहयोग मुझे लगातार मिलता रहा।

इन पुस्तकों की पाण्डुलिपि की तैयारी के दौरान राजकमल प्रकाशन के श्री उपेन्द्र झा, श्री चेतन क्रान्ति, श्री नरेश कुमार शर्मा, श्री तपस सरकार, आकांक्षा कम्प्यूटर के श्री नारायण एवं जवाहरलाल नेहरू विश्वविद्यालय के पूर्व एशियाई अध्ययन केन्द्र के शोधछात्र श्री संदीप कु. मिश्र से मिला योगदान अविस्मरणीय है। लेकिन इस यात्रा में राजकमल प्रकाशन के निदेशक श्री अशोक कु. महेश्वरी का एक अभूतपूर्व योगदान है जिसकी वजह से मेरी मेहनत सफल हो पाई है।

अंत में मैं अपने पति डा. सच्चिदानन्द सिन्हा, पुत्री वरुणी और पुत्र सोहम के प्रति अपना आभार प्रकट करना चाहूँगी, जिन्होंने विगत पाँच वर्षों के दौरान मुझे न सिर्फ उपयुक्त माहौल प्रदान किया बल्कि घर-परिवार की जिम्मेदारी में मेरा हाथ बँटाया। उनके धैर्य के अनन्त भण्डार के बगैर यह कार्य मैं कदापित संपादित नहीं कर पाती।

उनीता सच्चिदानन्द

चीनी व जापानी अध्ययन विभाग

दिल्ली विश्वविद्यालय

दिल्ली

FOREWORD

Inquisitiveness has always been a basic human trait, with mankind constantly seeking to learn more and more about other civilizations and cultures. Each nation has its own unique culture and way of living, about which people in other countries are always curious to know. Literature is the medium that provides a window to other societies, by helping us to understand their thoughts and aspirations. But, sometimes difference in language acts as a barrier in this task. It is here that the significance of literary translations comes to the fore. Literary translations have performed an important role of promoting global cultural interaction since times immemorial, and will continue to do so in the future as well.

The year 2002 make the 50th anniversary of diplomatic relations between Japan and India, which were established in April 1952. These fifty years have seen our relationship grow into a multi-dimensional one, covering a diverse range of areas such as political, economic, defence, art and culture, etc. Today, the ties between Japan and India are deeper and larger than ever before, based on mutual understanding and respect for each other. While the past fifty years have been positive and productive, we would like the next fifty years to be more so, and look forward to fruitful and close relations between our two peoples in the coming decades.

Dr. Unita Sachidanand has played a significant role in the promotion of mutual understanding between the people of our two countries. Having dedicated herself to the cause of strengthening the ties between our two countries through mutual appreciation of literature, she has once again undertaken the commendable initiative of introducing Japanese literature to Indian readers in Hindi. In 1998, she has brought out three volumes of translated Japanese literature. This time, she brings out a set of twelve tiles to commemorate the Golden Jubilee of Japan-India Diplomatic Relations. These books cover a wide variety of Japanese literary genre — from folk tales to modern fantasies, satire, children's stories, and mainstream literature written by some of the finest Japanese writers of all times. She also records two narratives presented by the *katari*, be the tradition Japanese storytellers.

Her selection is truly impressive and covers a wide spectrum of Japanese literature. In her collection, she has picked up representative stores from different periods in such a manner that they take the reader through a comprehensive literary journey of Japan. The first book contains some of the everlasting folk tales representing legends, myths and beliefs of Japan. These have been retold by the author in an absorbing style that would be liked by readers of all ages. The next three books carry an assortment of children's sotries specially written by some of the greatest literary craftsmen of Japan, such as Niimi Nankichi, Hamada Hirosuke, Shimazaki Toson, Mushanokoji Saneastsu, Tsubota Joji and Matsutani Miyoko. Though most of these authors belong to the mainstream of Japanese literature, the present selection includes those stores that these great writers have crafted specially for children. Japanese children virtually grow up with these stories, as some of these also find a place in most school textbooks in Japan.

I am particularly touched by the six stories by one of the contemporary Japanese authors, Oka Shuzo, profiling the life of the mentally and physically challenged persons. The compassion presented in these stories is a befitting tribute to the cause of such differently gifted persons. This book has received several awards such as the Akai Tori Award, Niimi Nankichi Award and Tsubota Joji Award, and has also been produced as a motion picture. This book is being brought out by Dr. Sachidanand in collaboration with Ms. Yoshiko Okaguchi of Japan, highlighting the need for such collaborative initiatives in this Golden Jubilee Year of Japan-India Friendship.

The collections included in two of the twelve titles have been largely devoted to fantasies created by Ogawa Mimei, Miyazawa Kenji and Awa Naoko. Four of the titles represent mainstream Japanese literature immaculately selected from the writings of influential authors such as Shiga Naoya, Akutagawa Ryunosuke, Arishima Takeo, Sata Ineko, Abe Kobo, Hayashi Fumiko, Matsutani Miyoko and last but not the least, an interesting collection of what is often referred to as the 'palm-sized stories' of Kawabata Yasunari, the first Japanese Noble laureate in literature. This volume of Kawabata's short stories has been translated by the students of Japanese literature in the University of Delhi, where Dr. Sachidanand teaches. I find it truly heart-warming that the translators and the editor have dedicated these stories to the long life of Japan-India Friendship in the true spirit and character of the 'palm-sized stories'. I congratulate the young scholars of Japanese language and literature for their commendable gesture.

In order to help the Indian readers appreciate the collection presented in these multi-volume anthologies of Japanese literature, Dr. Sachidanand aptly adds the twelfth one, which presents a lucid and comprehensive history of modern Japanese literature and its notable contributors. It is praiseworthy to note that the author traverses the entire gamut of Japanese literature from the Meiji period onwards, covering the contemporary trends in Japanese literature as well. She devotes a separate chapter highlighting the contribution of women authors in Japan.

I have great appreciation and admiration for all the efforts taken by Dr. Unita Sachidanand in preparation of these books, and would like to congratulate her and the publisher, Rajkamal Prakashan, for accomplishing such a magnificent task in this Golden Jubilee Year of Japan-India Diplomatic Relationship. I wish the author and the publisher an outstanding success in their current as well as future endeavours.

Hiroshi Hirabayashi
Ambassador of Japan to India

क्रम

जापानी साहित्य दर्शन

मेइजी से शोवा तक

जापानी साहित्य : आधुनिकता की ओर

किसी भी देश या काल के साहित्य का व्यापक अवलोकन उसके सामाजिक, आर्थिक, ऐतिहासिक, राजनीतिक, आध्यात्मिक और सांस्कृतिक पहलुओं के बगैर संभव नहीं। हालाँकि इन पहलुओं का अपना एक स्वरूप है, इतिहास है और पहचान भी, फिर भी ये एक दूसरे से घनिष्ठ रूप से जुड़े हैं। साहित्य और समाज, साहित्य और साहित्यकार, साहित्यकार और पाठक इन पहलुओं के आपसी ताने-बाने में अपनी पहचान ढूँढने की कोशिश नें लगे रहते हैं।

जापान के आधुनिक साहित्य की इस लघु यात्रा की शुरुआत करने से पहले यह जानना आवश्यक है कि किन परिस्थितियों में जापानी साहित्यिक विधा आधुनिकता की ओर अग्रसर हुई। आधुनिकता के साथ साहित्य के स्वरूप में किस प्रकार की तब्दीलियाँ आईं ? इनके कारण क्या थे और परिणाम क्या हुए? जब जापानी समाज और साहित्य पर आधुनिकता का प्रभाव पड़ना प्रारम्भ हुआ तब जापानी साहित्य का स्वरूप और सामाजिक परिदृश्य कैसा था, आदि मुद्दों पर भी ग़ौर करना जरूरी है। बदलाव की प्रक्रिया पुराने ढ़ाँचे में ही शुरू होती है। इसलिए यह कहना ग़लत न होगा कि परम्परा की कोख से आधुनिकता जन्मती है। लेकिन बदलाव के हर नए चरण के साथ यद्यपि नए तत्व का प्रादुर्भाव होता है तो कुछ पुरानी घटकें कमोबेश अपना स्थान बनाए रखने में सक्षम भी होती हैं। परम्परा और आधुनिकता के इस निरंतर आँख-मिचौली के बदौलत ही साहित्यिक विधा अपनी पहचान बनाती है। जापानी साहित्य की प्रमुख विशेषताओं पर एक सरसरी नज़र डालना यहाँ बेहतर होगा।

जापानी साहित्य की विशेषताएँ

जापानी साहित्य का इतिहास इस बात का साक्षी है कि तमाम बाहरी प्रभावों के बाद भी उसने अपनी अलग पहचान बनाई है। कहा भी जाता है कि जापानी साहित्यिक विधा बाहरी संस्कृति विशेषकर चीनी से काफी

प्रभावित रही है। लेकिन इसे अगर हम 'रसायनिक समिश्रण' की संज्ञा दें तो उचित होगा। 19वीं शताब्दी के बाद जापान पर पाश्चात्य प्रभाव भी इसी प्रक्रिया का हिस्सा है। चीनी या पाश्चात्य प्रभाव हो, बौद्ध या कनफ्यूसीय मत, या हो कोई राजनीतिक 'वाद', जापान ने इन तमाम तत्वों को अपनाते हुए भी अपनी विशिष्ट जापानी छवि और प्रकृति को मिटने नहीं दिया। यों कहें कि बदलाव की लम्बी और जटिल प्रक्रिया में पारम्परिक घटकों को जहाँ उचित स्थान प्रदान किया गया है वहीं नए घटकों को जापानी अन्दाज़ और पहचान के साथ ही पेश किया गया है। हर वाह्य तत्व के आगमन के साथ जापान में देशज तत्व का जन्म होता प्राय: देखा गया है। देशज तत्व की मौजूदगी में ही बाहरी प्रभावों को जापानी समाज में स्थान मिल पाता है। जापानी साहित्य की इस यात्रा में इस पक्ष पर विशेष ध्यान दिया गया है।

जापानी साहित्य की एक विशेषता जो प्राय: इसे पश्चिमी साहित्यिक विधा से अलग करती है, वह है इसकी संक्षिप्तता। कथा-साहित्य हो या काव्य, लम्बी रचनाएँ कम ही देखने को मिलती हैं। पाश्चात्य साहित्य और दर्शन के प्रभाव में कथा साहित्य लिखने की शैली में परिवर्तन आया ज़रूर फिर भी रुझान छोटी, संक्षिप्त, और लघु लम्बाई की रचनाओं के प्रति ही रहा। शायद कम बोलना जापानी प्रकृति है। जापान में ऐसी मान्यता है कि अधिक बोलचाल, दुख, द्वेष और तनाव का मूल श्रोत है।

लेकिन जहाँ कम बोलना जापानी प्रकृति है वहीं अमूर्त, दर्शन या वैचारिक मत के प्रति ये कम आकर्षित होते हैं। एक जापानी ठोस और मूर्त प्रतीकों में अपनी अभिव्यक्ति ढूँढता है। शायद यही वजह है कि जापान में चाक्षुष कला और दस्तकारी काफी विकसित हुई है। जापानी पेन्टिंग हो या घरेलू बर्तन, जापान में मूर्त तत्वों को ही कला के रूप में मान्यता मिली है। कुछ विचारकों का यह मत है कि शायद यही कारण है कि जापान का जीवन-दर्शन व्यावहारिक तत्वों से परिपूर्ण है जबकि इसमें किसी फिलॉसफी या दर्शन के सिद्धांत गौण हैं। इसी पक्ष से जुड़ी है साहित्य की एक और विशेषता, वह है तर्क-वितर्क को आम जिंदगी से अलग रखना। तर्क, विवेक और चेतन से कोई झगड़ा नहीं, लेकिन वह जापानी मानसिकता की आन्तरिक प्रक्रिया से जुड़ी है। इसीलिए जापानी साहित्य में अकसर भावात्मक अन्तर्मुखता उसकी शैली का अभिन्न पक्ष है, जो सदियों से कायम है।

समन्वय, सहिष्णुता और संयोजन जापानी साहित्य के कुछ और विशेष पक्ष हैं। मनुष्य और प्रकृति तथा व्यक्ति और समाज के बीच समन्वय को जापानी जीवन-दर्शन का सिद्धात कहें तो गलत न होगा।

हालाँकि मनुष्य और प्रकृति के बीच सहिष्णुता पारस्परिकता के सिद्धान्त पर आधारित है, वहीं व्यक्ति और समाज या व्यक्ति और समूह में पारस्परिकता को महत्व नहीं दिया गया है। व्यक्ति को समाज और समूह के पक्ष में अपनी इच्छाओं का त्याग करना जापानी समन्वय की परिभाषा है। शायद यही कारण है कि जापानी कथा-साहित्य में भावात्मक अन्तर्मुखता देखने को मिलती है। अत: अगर यह कहें कि समाज और व्यक्ति के सम्बन्ध आन्तरिक रूप से 'विरोधात्मक' हैं लेकिन वाह्य रूप से 'सद्‌भावपूर्ण' तो गलत न होगा।

आधुनिकता की ओर

मेइजी पुन:स्थापना के साथ जापान एक लम्बे दौर के बाद जापान ने अपने दरवाजे विश्व के लिए खोले। इसके पूर्व एदो या तोकुगावा काल में साहित्य के क्षेत्र में काफी विकास हुआ। छापखाने के व्यावसायीकरण की वजह से पुस्तकें अब पाठकों तक आसानी से उपलब्ध होने लगीं। जहाँ धार्मिक और पारम्परिक कथा-साहित्य अब अधिक संख्या में मुद्रित होने लगी, वहीं तोकुगावा काल में व्याप्त शांति के माहौल में आर्थिक समृद्धि के साथ नए साहित्य का सृजन भी आरम्भ हुआ। अब तक समाज में सामुराई वर्ग का एकाधिकार था। ओसाका, क्योतो और एदो नगरों के व्यावसायिक समृद्धि के साथ व्यापारी वर्ग का उत्थान हुआ और शहरीकरण की प्रक्रिया में तेजी आई। व्यापारी वर्ग के रूप में कला और साहित्य की दुनिया को एक नया संरक्षक हासिल हुआ। कला और साहित्य में विविधता आई और तेजी से विकास हुआ। आर्थिक समृद्धि का मतलब था शहर के लोगों के पास पर्याप्त साधन का होना जिससे साहित्य की माँग बढ़ी। चीनी लिपि और भाषा के दबदबे से साहित्य ने मुक्ति पाई और आम बोलचाल की जापानी भाषा और लिपि में साहित्य साधना को बल मिला। मनोरंजन, विलास और विनोदरंजित साहित्य, नाटक और तमाशा का सृजन व मंचन होना प्रारम्भ हुआ। सामुराई वर्ग के अलावा आम शहरी वर्ग और ग्रामीण इलाकों में रहने वाले लोग भी साहित्य की रचना से प्रभावित हुए। जापान के इतिहास में इस काल को गेनरोकू काल (1687-1703) की संज्ञा दी गई है। मात्सुओ बाशो, इहारा साइकाकू और चिकामात्सु इस दौर के अग्रणी साहित्यकार के रूप में उभरते हैं। गेनरोकू काल में ही अभिनय-मंचन की विधा 'काबुकी' का उदय हुआ। इसी समय काव्य विधा 'हाइकू' और 'क्योका' को नया आयाम मिला। 'हाइकू' सत्रह अक्षरों की कविता है और 'क्योका' मज़ाकिया कविता।

साहित्य और कला के विकास के कारण साहित्यकार और कलाकार, जिनका सामाजिक स्तर अभी तक काफी निम्न दर्जे का माना जाता था, समाज में सम्मान पाने लगे और इन विधाओं के व्यावसायीकरण के साथ इनकी आय भी बढ़ी। गेनरोकू

काल जहाँ मध्ययुगीन जापान में कला और साहित्य का चरमोत्कर्ष था, वहीं लगातार विनोदरंजित विषय-वस्तु से इसका गहरा सम्बन्ध साहित्य के लिए धीरे-धीरे घातक भी साबित होने लगा।

मेइजी काल के आरम्भिक दिनों में साहित्य का स्तर काफी गिर गया था। आलोचना के दायरे में घिरा उत्तर तोकुगावा का साहित्य कुछ नवीन प्रयोग कर दिखाने में असमर्थ था। प्रगतिवादी और परम्परावादी पक्षों ने ऐसे प्रयोग साहित्य की खुलकर भर्त्सना की। आधुनिकता की ओर जापान के बढ़ते कदम, पाश्चात्य साहित्य शैली और चिंतन के प्रभाव में आने लगा। सामाजिक और आर्थिक परिवेश में तेजी से बदलाव हो रहे थे। परम्परा और संस्कृति पर विमर्श छिड़ा और व्यक्ति की स्वतंत्रता का पक्ष धीरे-धीरे मज़बूर होने लगा। इसी बदलते परिवेश में जापान के आधुनिक समाज और साहित्य का जन्म हुआ जिसका अवलोकन इस पुस्तक के विभिन्न अध्यायों में करने की एक छोटी कोशिश की गई है।

साहित्य के इस अवलोकन में कथा-साहित्य की विभिन्न विधाओं को ही सम्मिलित किया गया है। काव्य, नाटक और मंचन की अलग-अलग विधाओं को शामिल नहीं किया गया है। जापानी साहित्य में महिला रचनाकारों के स्थान और उनके योगदान पर अलग से समीक्षा की गई है। बाल-साहित्य के आधुनिक स्वरूप को भी शामिल किया गया है।

सवा सौ साल की लम्बी साहित्यिक गतिविधियों का अवलोकन मुश्किल काम है फिर भी जापान के उत्कृष्ट कथा-साहित्य और साहित्यकारों को इस लघु अनुशीलन में यथासंभव और यथोचित स्थान मिला है।

आधुनिक जापानी कथा-साहित्य का सर्वेक्षण परम्परागत ऐतिहासिक काल वर्गीकरण के अन्तर्गत किया गया है। **मेइजी काल (1868-1911)** से आधुनिक समाज की परिकल्पना का श्रीगणेश हुआ। **ताइशो काल (1912-1925)** में राजनीतिक और जनतांत्रिक गतिविधियों में तेजी आई। **शोवा काल (1926-1989)** के लम्बे सफर को द्वितीय महायुद्ध दो हिस्सों में बाँटता है--यूद्धपूर्व और यूद्धोत्तर शोवा काल। साहित्य के इतिहासकार यद्यपि इस वर्गीकरण के सिद्धांत से सहमत नहीं।

अध्याय : एक

मेइजी साहित्य

मेइजी सम्राट की पुनर्स्थापना के साथ ही जापान ने दो सौ वर्षों के बाद बाहरी दुनिया के लिए दरवाजे खोले। साथ ही राजनीतिक और आर्थिक व्यवस्था को विकसित देशों के ढाँचे के अनुरूप बदलने की कोशिशें होने लगीं। जापान को समृद्ध एवं आधुनिक राष्ट्रों की कतार में ला खड़ा करने के उद्देश्य से पश्चिमी देशों से ज्ञान-विज्ञान एवं तकनीक आयात की जाने लगी। जापान ने आधुनिकता की ओर तेजी से कदम बढ़ाए। फलस्वरूप बड़े पैमाने पर औद्योगीकरण शुरू हुआ। आधुनिकीकरण के इस होड़ में साहित्य, दर्शन और संस्कृति भी पीछे न छूटे। कई जाने-माने बुद्धिजीवियों को सरकारी छात्रवृत्ति के साथ पश्चिमी देशों में भेजा गया। पश्चिमी साहित्य का गहन अध्ययन कर जापान लौटे साहित्यकारों ने जापान के परंपरागत साहित्य को नए आयामों से जोड़ा और नई विचारधाराओं से विभूषित कर नई दिशाओं की ओर उन्मुख किया। पाश्चात्य साहित्य, चाहे वह अनुवाद के जरिये आया या जापानी साहित्यकारों की नई संरचना के जरिये, ने जापानी समाज में एक तरह की सांस्कृतिक क्रांति का संचार किया। सबसे महत्वपूर्ण बात जो देखने को मिली, वह यह कि पाश्चात्य विचारधारा से जापानी साहित्यकारों में एक नई चेतना की लहर उठी। एदो काल की सामंती व्यवस्था के टूटने के साथ व्यक्तिगत आजादी की किरण प्रस्फुटित हुई और व्यक्तिवाद का जन्म हुआ।

यद्यपि जापान ने बाहरी मुल्कों से नई विचारधारा, साहित्य एवं दर्शन

सीखने में काफी तत्परता दिखाई, परन्तु वर्षों से स्थापित देशज साहित्य और ज्ञान को कुछ ही सालों में बदल देना आसान काम न था। जाहिर है कि लोगों की सोच, विचार, चेतना एवं परंपरागत संस्कृति तुरन्त नहीं बदली। यह भी स्वाभाविक है कि देश तथा 'पाश्चात्य ज्ञान' और साहित्य व दर्शन के बीच काफी विरोध और द्वंद्व भी उत्पन्न हुए होंगे। इसीलिए मेइजी काल के आरम्भिक सोलह सालों के दौरान नवीन और परंपरागत साहित्य का मिश्रित स्वरूप देखने को मिलता है।

मेइजी काल के साहित्य को विचारधारा के आधार पर हम पाँच भागों में बाँट सकते हैं:

1. प्रबोधक विचारधारा (केइमोशिचो, 1868–1885)
2. यथार्थवाद (शाजित्सुशुगी, 1894–1894)
3. रूमानीवाद (रोमानशुगी, 1894–1905)
4. प्रकृतिवाद (शिजेनशुगी, 1905–1912)
5. अप्रकृतिवाद (हानशिज़ेनशुगी, 1900–1916)

प्रबोधक विचारधारा

मेइजी काल के प्रारम्भ के कुछ वर्षों में एदोकालीन गेसाकू साहित्य (एदो काल के उतरार्द्ध में विनोद व विलासरंजित अप्रबुद्ध साहित्य) का पाश्चात्य साहित्य से संपर्क तथा विरोध देखने को मिलता है। तत्कालीन जापानी साहित्य में भावुकता और संवेदनशीलता ज्यादा झलकती थी, तर्कसंगति और उपयोगितावाद कम। शुरू के जापानी बुद्धिजीवियों पर इंग्लैण्ड के दार्शनिक मिल (1860–1973) की उपयोगितावाद का प्रभाव देखने को मिलता है।

प्रबोधक विचारधारा के मुख्य प्रवर्तक फुकुजावा युकिचि (1834–1901) माने जाते हैं। इन्होंने सामंतशाही और कन्फ्यूसीय मतों के प्रति समाज को चौकन्ना किया। आधुनिक समाज में जागरूकता लाने के लिए फुकुजावा का योगदान अविस्मरणीय है। 1870 में प्रकाशित अपनी

पुस्तक '*सेइयोजिजो* (यूरोपीय हालात)' के द्वारा इन्होंने विकसित देशों में व्याप्त स्थिति से जापान को अवगत कराया। 1872-76 के दौरान '*गाकुमोन नो सुसुमे*' (ज्ञान की ओर) शीर्षक से प्रकाशित कई आलेखों में इन्होंने वर्गीय समाज के खिलाफ अपने विचार प्रस्तुत किए तथा सामाजिक समानता को महत्व दिया। इन्होंने कहा कि 'भगवान ने न तो किसी मनुष्य के ऊपर किसी मनुष्य को बनाया और न ही किसी मनुष्य के नीचे किसी मनुष्य को।' 1876 में प्रकाशित पुस्तक '*बुनमेइरोन नो गाइर्याकु*' (साहित्य की रूपरेखा) में इन्होंने जापान को स्वावलम्बी तथा विकसित राष्ट्र बनाने की बात पर जोर देते हुए सभ्यता और प्रबोधन (Civilisation and entightenment) के सिद्धांत का प्रतिपादन भी किया।

नए काल में प्रवेश करने के साथ नए समाज को नई शिक्षा एवं साहित्य की ओर ले जाने की कोशिशों में कुछ बुद्धिजीवियों ने मेइरोकुशा नामक संस्था की स्थापना की। फुकुजावा के अलावा निशि आमाने ने '*ह्याकुइचि शिनरोन*' (101 प्रबोधन की नई पद्धतियाँ; 1875) में एदो काल में प्रचलित 'शुशीगाकु' (बौद्धिक पद्धति) की आलोचना की और वैज्ञानिक दृष्टिकोण अपनाने पर जोर दिया।

आमाने ने अपने भाषणों का संग्रह '*ह्याकु गाकु रेन कान*' (ज्ञान की सौ शृंखलाएँ) शीर्षक से प्रकाशित किया जो जापान की बौद्धिक और शैक्षिक व्यवस्था को एक ठोस स्वरूप देने में सक्षम हुई। कातो हिरोयुकी ने जर्मन विचारधारा और दर्शन पर जोर दिया और नीईजि माजो ने ईसाई धर्म के द्वारा नई पीढ़ी को जीवन के नए पहलुओं की ओर जागरूक किया। इस दौर में अनुवाद भी खूब हुए। नाकामुरा मासानाओ का '*साइकोकु रिश्शिहेन*' (यूरोप की सफलता की कहानियाँ) स्माइल्स की 'सेल्फ हेल्प' नामक पुस्तक का अनुवाद है। नाकाए चोमिन ने '*मिनयाकु याकुकाई*' (सामाजिक अनुबन्ध) शीर्षक से रूसो की 'सोशल कॉन्ट्रैक्ट' का 1883 में अभूतपूर्व अनुवाद कर अपने लिए 'ओरिएन्टल रूसो' का उपनाम अर्जित किया।

कानागाकी रोबुन जो एदो काल में गेसाकू साहित्य लिखकर काफी लोकप्रिय हुए थे, नए युग में आम जिन्दगी पर असर डालने वाली नई

सामाजिक व राजनीतिक पहलुओं को अपने उपहास-जनक उपन्यास का विषय बनाया। *आगुरा नाबे* (1871-72), इनकी रचना जहाँ सभ्यता और प्रबोधन के नए माहौल में गाय का मांस खाने पर कटाक्ष करती है, वहीं *सेइयो मिचिनाका हिजाकुरीगे* (1870-76), अंग्रेजी प्रदर्शनी देखने गए दो दोस्तों के अनुभवों पर आधारित एक उपहास है।

ऐदो काल में प्रचलित गेसाकू साहित्य मेइजी सम्राट की पुनर्स्थापना के साथ समाप्त हुआ हो, ऐसी बात नहीं। मेइजी काल के प्रारम्भिक वर्षों में रोज अखबारों के माध्यम से गेसाकू साहित्य लगातार लगभग 1886 तक पाठकों तक पहुँचता रहा। लेकिन 1877 के पूर्व और व 1886 के दरम्यान सामाजिक, राजनीतिक, आर्थिक और बौद्धिक चिंतन का मिलाजुला असर गेसाकू साहित्य पर भी पड़ने लगा। 1877 के पूर्व का गेसाकू साहित्य जहाँ काल्पनिक स्थितियों, चुटकुले तथा व्यंग्य पर आधारित थे, वहीं 1877 के बाद इस पर यथार्थवाद की छाया पड़नी शुरू हो गई। गेसाकू रचनाकार प्रलेखात्मक या दस्तावेजी उपन्यास की रचना करने लगे हालाँकि इनकी शैली पुरानी ही रही। लेकिन इस परम्परा ने जापान में साहित्य को आम लोगों तक पहुँचाने में महत्वपूर्ण योगदान दिया।

स्वाबलम्बी बनने की होड़ में, मानवीय अधिकारों की आजादी का मुद्दा और राज्य के पुनर्गठन के दौरान लोगों का ध्यान राजनीति की ओर आकर्षित हुआ। फलस्वरूप राजनीतिक उपन्यासों की संरचना होने लगी। तोदा किन्दो का '*जोकाइ हारान*' (राजनीति के तूफानी समुद्र में, 1880), यानो र्‌यूकेइ का '*केइकोकु बिदान*' (राजनेताओं की कहानी, 1883-1884), तोकाइ सानशी का '*काजिन नो किगू*' (सुन्दरियों से अद्‌भुत भेंट, 1885-87), सुएहिरो तेच्चो का '*सेच्चूबाइ*' (बर्फ में आड़ू का खिलना) एवं '*काकान ओ*' (फूलों में एक बुलबुल, 1886-87; 88) काफी चर्चित हुई।

इन राजनीतिक उपन्यासों का विषय प्राय: प्रेम-प्रसंग है यानी प्रेम की आजादी। हालाँकि इनके रचनाकार वस्तुत: राजनीतिज्ञ थे इसलिए इनमें साहित्यिक अनुभव की कमी तो दिखती ही है, साथ में अभिव्यक्ति की अपरिपक्वता भी। परन्तु ये राजनीतिक रचनाएँ समाज में साहित्य

का स्तर बढ़ाने में मददगार जरूर साबित हुईं।

विकसित देशों के ज्ञान-विज्ञान को अपने साहित्य में ढालने के अलावा अनुवाद के कार्य भी काफी तेजी से हुए, जिनमें प्रमुख हैं : रोबिन्सन क्रुसो तथा गुलीवर के यात्रा-वृत्तांत का पूर्ण संकलन (1873), ईसप की कहानियाँ (1874), *हाचीजू निचिकान सेकाइ इस्शू* (वेरोन की 80 दिन में दुनिया की सैर), *त्सुकी सेकाइ र्‌योकोकी* (चाँद की सैर, 1881) और शेक्सपियर की जूलियस सीजर्स (1885)। जापान में अधिकतर अनुवाद डच तथा फ्रांसीसी स्रोतों से किए गए। 1888 के आस-पास यूरोपीय क्लासिकी के अनुवाद में शिथिलता आई और इनका स्थान आधुनिक साहित्य ने ले लिया। संक्षेप में यह कहा जा सकता है कि अनुवाद के प्रारम्भिक दौर ने जापानी साहित्यिक विधा और सौन्दर्यशास्त्र का साक्षात्कार साहित्य के पाश्चात्य सिद्धांतों से अनुवाद के जरिए संभव हुआ जिसने गेसाकू साहित्य और लेखन-परम्परा को हमेशा के लिए निरस्त कर दिया।

यथार्थवाद

ऐसी मान्यता है कि यथार्थवाद ने जापान के आधुनिक साहित्य की नींव रखी। इसकी शुरुआत सन् 1885 में शेक्सपियर के शोधकर्ता के रूप में प्रसिद्ध आलोचक व उपन्यासकार त्सुबोउची शोयो (1859-1935) के '*शोसेत्सु शिन्जुइ*' (उपन्यास का सत्व, 1886)) से हुई। त्सुबोउची शोयो ने साहित्य को नैतिकवादी एवं उपदेशात्मक साहित्य (कानज़ैन चोआकु) से अलग किया और मनुष्य की सांसारिक प्रवृतियों का हूबहू चित्रण यानी 'जैसा है वैसा ही' करने पर जोर दिया। इस विचारधारा के मुख्य प्रवर्तक के रूप में त्सुबोउची शोयो के साथ फुताबातेइ शिमेइ (1864-1909) का भी प्रमुख स्थान है। फुताबातेइ शिमेइ की '*शोसेत्सु सोरोन*' (उपन्यास के सर्वसिद्धांत, 1886) नामक पुस्तक त्सुबोउची शोयो के '*शोसेत्सु शिन्जुइ*' की ही तरह उपन्यास लिखने से सम्बन्धित विषयों

पर चर्चा करने के साथ पाश्चात्य साहित्य पर आधारित 'यथार्थवादी साहित्य कैसे लिखा जाए, पर भी बहस पेश करती है। इनके विचार रूसी आलोचक बेलिन्सकी की विचारधारा से प्रभावित हैं। जिसमें आकृति एवं किसी घटना पर जोर न देकर वैचारिक दृष्टिकोण के मूलमंत्र पर बल दिया गया है।

'*शोसेत्सु शिन्जुइ*' एवं '*शोसेत्सु सोरोन*' पर आधारित पहला प्रयोगात्मक उपन्यास फुताबातेइ शिमेइ की '*उकीगुमो*' (1887-89) है, अर्थात् यथार्थवाद का पहला उपन्यास। इससे साहित्य के यथार्थ चित्रण के साथ-साथ एक नई शैली 'गेम्बुन इच्ची' की भी शुरुआत हुई; यानी जैसा बोला जाए वैसा ही लिखा जाना चाहिए।

शिमेई ने *उकीगुमो* की रचना शोयो के विचारों से कायल हो प्रारम्भ की। इसी दौरान वे बेलिन्सकी की रचनाओं का अध्ययन भी कर रहे थे। उन्होंने शोयो के *शासेत्सु शिनजुई* में प्रतिपादित मतों के प्रति अपना संदेह भी व्यक्त किया। शोयो का साहित्यिक सफर एदो काल के रूमानीवादी परम्परा से शुरू हुआ और इंगलैण्ड के रूमानी उपन्यासों से इस हद तक प्रभावित रहा कि वे स्वयं को बाकिन की शैली से अलग न कर सके। लेकिन शिमेइ पर रूसी साहित्य का व्यापक असर था जो आम बोल-चाल की जुबान के सहारे एक यथार्थवादी उपन्यास की रचना करना चाहता था। आलोचकों का मत है कि अपने प्रतिपादित साहित्यिक सिद्धांतों से परे, *उकीगुमो* का रचनाकार रूसी साहित्यकार तुर्गनेव्र और गोन्तचारोव से अधिक प्रभावित था। फुताबातेइ के रूसी समाज और साहित्य का गहरा अध्ययन उन्हें समाजवादी मतों के करीब ला खड़ा करता है।

शोयो और फुताबातेइ की कोशिशों तथा विचारों के प्रभाव में जापान की साहित्यिक विधा में पाश्चात्य मतों को महत्त्वपूर्ण स्थान मिलने लगा। यथार्थवादी और वैज्ञानिक विचारों से वशीभूत दोनों रचनाकारों ने जगतव्यापी जीवन के सत्त्व को परिभाषित करने की चेष्टा तो की लेकिन शायद वह जापानी माहौल में अधिक प्रभावशाली न बन सका। यही वजह है कि शोयो और फुताबातेइ के अनुयायी का जिक्र नहीं मिलता। ऐसा प्रतीत होने लगता है कि यथार्थवादी साहित्य का अवसान शीघ्र हो जाएगा। इसी समय चंद नवजवान साहित्यकारों का उदय जापान के

साहित्यिक क्षितिज पर होता है। 'केन्यूशा' संस्था की स्थापना के साथ इन रचनाकारों का रुझान शोयो और फुताबातेइ की ओर बढ़ता नज़र आता है। केन्यूशा मेइजी काल की पहली साहित्यिक संस्था थी। इसके अगुआ साहित्यकारों में ओजाकी कोयो (1867–1903), यामादा बिम्यो (1868–1910), इशिबाशी शिआन (1867–1927) थे। इस संस्था के सदस्य नई पीढ़ी के नवजवान थे, जिनकी साहित्य में दिलचस्पी थी और तोक्यो विश्वविद्यालय में विधिवत साहित्य के अध्ययन के लिए नामांकित थे। केन्यूशा में दो तरह के सदस्य थे। एक वे, जो जिन्दगी की घटनाओं को सतही तौर पर देखते और दूसरे वे, जो जीवन का गहराई से मूल्यांकन करने के पक्षधर थे, जैसे कावाकामी बिज़ान (1869–1908) एवं हिरात्सु र्यूरो (1861–1928)।

केन्यूशा के सदस्यों ने '*गाराकुता बुन्को*' नामक पत्रिका को भी प्रकाशित किया। इन लोगों ने गेनरोकु काल की शैली और तत्कालीन सामाजिक स्थिति के विवरण के लिए यथार्थवाद के ढाँचे को अपनाया। फिर भी नए समाज का यथार्थवादी चित्रण केवल सतह तक ही सीमित रहा। धीरे-धीरे केन्यूशा के साथ जुड़ने वाले लोगों में इवाया साजानामी (1870–1933), इजुमी क्योका (1873–1939) और तोकुदा शूसेइ (1871–1943) हैं। ओजाकी कोयो ने जहाँ औरतों के आवेश को उपन्यास का विषयवस्तु बनाया, वहीं कोदा रोहान (1867–1947) की रचनाओं में मर्दों के ऊँचे आदर्शों से अभिभूत चिंतन-मनन, कल्पना-शक्ति एवं हुनर कूट-कूटकर भरा देखने को मिलता है। कोयो और रोहान के इन विपरीतात्मक शैली ने 'कोरो काल' को जन्म दिया। कोदा रोहान की मुख्य रचनाएँ '*गोजू नो तो* (1891)' एवं '*त्सुयुदानदान* (1889)' हैं।

एक लम्बे अन्तराल के बाद जापानी साहित्य के क्षितिज पर एक महिला रचनाकार का उदय हिगुची इचियो के रूप में इसी काल में होता है। इचियो का साहित्यिक सफर ओगाई और रोहान के संरक्षण में शुरू हुआ।

पाश्चात्यीकरण ने जब जापान में अपनी जड़ें मजबूत कर लीं तो समाज सम्बन्धी विचारधारा भी उभरकर आई। विचारकों का मानना था

कि समाज को अपना दृष्किोण व्यापक बनाना चाहिए और समाज में रह रहे साधारण नागरिक एवं आम जीवन से जुड़ना चाहिए। ऐसे साहित्यकारों ने 1887 में तोकुतोमी सोहो (1863–1957) के नेतृत्व में 'मिनयूशा' नामक संस्था बनाई जो ईसाई धर्म के सिद्धांतों पर आधारित थी। 'मिनयूशा' की साहित्यिक पत्रिका भी प्रकाशित होने लगी, जिसका नाम '*कोकुमिन नो तोमो*' रखा गया। सन् 1888 में परराष्ट्रीयता् की भावना से ओत-प्रोत '*सेइक्योशा*' नामक संस्था की स्थापना हुई। 'मिनयूशा' से तोकुतोमी रोका (1868–1927) एवं कुनीदा दोप्पो (1871–1908) उभरे जो बाद में जापान के चर्चित साहित्यकार बने।

त्सुबोउची शोयो

(1903-1951)

त्सुबाउची शोयो का जन्म सन् 1859 में गिफु प्रांत के कामोगौरी ओता गाँव में हुआ। पिता हेइनोशिन और मिचि की ये दसवीं संतान थे। छोटी उम्र से ही इन्होंने एदो काल के गेसाकू साहित्य को लगन के साथ पढ़ा। 18 वर्ष की उम्र में काइसेइ स्कूल में दाखिला लिया। यहीं से इन्होंने नाटक और अनुवाद की शुरुआत की। स्नातक के बाद ये तोक्यो सेनमोन गाक्को में नौकरी करने लगे। यहीं से इन्होंने '*शोसेत्सु शिनजुइ*' और '*तोसेइ शोसेइ कातागी*' प्रकाशित किए। उसके बाद भी ये लगातार उपन्यास लिखते रहे। मोरी ओगाई (1862–1922) के साथ मिलकर इन्होंने यथार्थवाद और आदर्शवाद से जुड़े विषयों पर एक बहस '*बोत्सुरि सोरोन्सो* (1872–73)' शीर्षक से प्रकाशित की। धीरे-धीरे इनकी रुचि नाटक में बढ़ी और इन्होंने अनेकों नाटक लिखे। नया नाटक '*किरिहितोहा* (1885–86)' '*माकी नो काता* (1887)' '*होतोतोगिसु कोजो नो राकुगेत्सु* (1888)' की रचना की। ऐतिहासिक ड्रामा एवं फिल्मों पर बहस और आलोचना इनकी

अनेक आलेखों का विषय रहा। वासेदा विश्वविद्यालय के अध्यापक, हेडमास्टर इत्यादि पदों पर काम करते हुए युवाओं की शिक्षा पर इनके ध्यान सदा केन्द्रित रहा। अंत में वासेदा विश्वविद्यालय से इस्तीफा देकर आपने शेक्सपियर के संग्रह के अनुवाद की पूरी जिम्मेदारी अपने ऊपर ले ली।

बोत्सुरि सोरोन्सो शेक्सपियर के बारे में त्सुबोउची और मोरी ओगाई की आलोचनात्मक बहस से सम्बन्धित पुस्तक है, जहाँ त्सुबोउची ने शेक्सपियर के तमाम विचार और आदर्शों को अंदरूनी बताया। त्सुबोउची के अनुसार शेक्सपियर के विचार कभी भी सतह पर नहीं आते, वे ढँके हुए हैं; वहीं मोरी ओगाई का मानना था कि साहित्य वैचारिक स्तर पर खुला एवं ठोस होना चाहिए। जहाँ तक शेक्सपियर का सवाल है वे त्सुबाउची से सहमत नहीं थे। ओगाई हार्टमन (1842–1906) के सौन्दर्यशास्त्र से प्रभावित थे।

'शोसेत्सु शिनजुई' उपन्यास के सिद्धांतों पर लिखी गई पुस्तक है। उपन्यास को धर्म और नैतिकता से परे एक स्वच्छन्द साहित्य का दर्जा प्रदान करने के पक्ष में यह पुस्तक नए मतों का प्रतिपादन और विश्लेषण भी करती है। उपन्यास को सुसंगठित ढंग से यथार्थवादी शैली का मार्गदर्शन कराती इस पुस्तक ने मेइजी के साहित्यकारों पर गहरा प्रभाव डाला और आधुनिक साहित्य को एक नई दिशा दी। शुरू में यह नौ भागों में छपी। तत्पश्चात् इसका प्रकाशन दो संकलनों में हुआ। पहला संकलन सिद्धांतों पर बात करता है तो दूसरा उसकी तकनीक पर।

फुताबातेइ शिमेइ

(1864-1909)

फुताबातेइ शिमेइ का जन्म सन् 1864 में एदो में हुआ। छोटी उम्र से ही इनकी रुचि राजनीति में बढ़ी। सेना में काम करने की इच्छा भी उत्पन्न हुई। थल सेना अकादमी में असफलता हासिल हुई तो तोक्यो गाइकोकुगो गाक्को के रूसी भाषा विभाग में दाखिला ले लिया। जाने-माने अध्यापक की छत्रछाया में रूसी साहित्य की ओर रुझान बढ़ा और इन्होंने रूसी साहित्य की समीक्षा और साहित्य को खूब लगन से पढ़ डाला।

1886 में त्सुबोउची शोयो से मुलाकात होने पर *शोसेत्सु शिन्जुइ* को लेकर दिमाग में उपजे प्रश्नों पर खूब बहस की। इस बीच इन दोनों लेखकों की घनिष्ठता बढ़ी। शोयो के कहने पर साहित्य एवं उपन्यास पर अपना दृष्टिकाण इन्होंने '*शोसेत्सु सोरोन*' में लिखा। '*उकी गुमो*' लिखने के बाद कुछ समय तक इन्होंने तुर्गेनेव (1818-1883) की रचनाओं के अनुवाद भी किए। कुछ समय के लिए तोक्यो गाइदाइ विश्वविद्यालय में अध्यापन का कार्यभार सँभाला। अखबार के लिए अंग्रेजी-रूसी अनुवाद भी किए। इस संदर्भ में *आहीबिकी* (1889), और *मेगुरीआई* (1889-1890) अनुवाद प्रमुख हैं।

अपनी साहित्यिक यात्रा के दौरान फुताबातेइ ने कुछ सालों के लिए साहित्य से वैराग्य लिया; परन्तु फिर जल्दी ही साहित्य की दुनिया में लौट आए। इस वक्त इन्होंने '*सोनोओमोकागे*' (1907)' और 1908 में '*हेइबोन*' नामक उपन्यास लिखे। सन् 1909 में रूस की यात्रा से लौटते वक्त इन्होंने बंगाल की खाड़ी में ही अपने प्राण त्याग दिए।

उकीगुमो (1887-89) एक वृहत उपन्यास है। यह मेइजी काल में आधुनिकता की ओर बढ़ते कदम, उससे उत्पन्न सामाजिक समस्याओं और बुद्धिजीवियों की वेदना दर्शाता, आधुनिक जापानी साहित्य का पहला यथार्थवादी उपन्यास है। इसका नायक उत्सुमी बुन्जो एक बुद्धिमान

व्यक्ति है, परन्तु व्यावहारिकता या यों कहें, बदलते समाज में, दुनियादारी निभाने में अपने को सर्वथा कमजोर पाता है। वहीं उसका दोस्त होन्दा नोबोरू बदलते समाज में स्वयं को बदलने में काफी सक्षम है। इन्हीं कारणों से उत्सुमी बुन्जा अपनी प्रेमिका ओसेइ को खो बैठता है। ओसेइ नोबोरू से प्रेम करने लगती है। हालाँकि उसे वहाँ भी सफलता नहीं मिल पाती।

1907 में प्रकाशित इस पुस्तक में फुताबातेइ ने साहित्य के प्रति अपने दृष्टिकोण, शंकाएँ एवं जिन्दगी के नजरिये को एक वृहत् उपन्यास के माध्यम से पाठकों के समक्ष रखने की कोशिश की है। इनकी शैली व्यंग्यात्मक तथा आत्मकथात्मक है।

ओजाकी कोयो

(1867-1903)

सन् 1867 में तोक्यो के यो नो मा में इनकी पैदाइश हुई। तोक्यो विश्वविद्यालय में अध्ययन के दौरान इन्होंने एदो काल के साहित्य को बड़े लगन से पढ़ डाला। सन् 1889 में ये '*निनिन बिकुनी इरो जान्गे* (दो स्त्री भिक्षुओं के प्यार की दास्तान, 1889)' नामक उपन्यास लिखकर बहुत प्रसिद्धि हासिल की। यह पुस्तक एदो काल के कानाजोशी (आम जनता को ध्यान में रखते हुए सरल भाषा में लिखी गई कहानियाँ) साहित्य पर आधारित है। अध्ययन के दौरान ये योमिउरी अखबार में कार्य करने लगे और लिखते रहे।

24 साल की उम्र में ही इनको साहित्य के भव्य मंडल का अद्भुत सितारा माना जाने लगा। इनके जीवन के पूर्वार्द्ध की प्रमुख रचनाओं में '*क्यारा माकुरा*' (सुगन्धित तकिया, 1890) और '*साननीनत्सुमा*' (तीन पत्नियाँ) हैं। जीवन के उत्तरार्द्ध में ये यथार्थवादी साहित्य लिखने में जुट गए। इस चरण में इनकी प्रमुख रचनाएँ '*ताजो ताकोन*' (पश्चाताप के

आँसू, 1896) एवं '*कोनजिकी याशा*' (स्वर्ण राक्षस, 1897-1902) हैं, किन्तु *कोनजिकी याशा* लेखन के दौरान ही इनकी मृत्यु हो गई। हालाँकि अपनी रचनाओं में कोयो ने मनोविज्ञान, रोमांस और यथार्थवाद का एक नवीन संयोजन करने की चेष्टा की लेकिन वे हर मायने में अपने गुरु इहारा साइकाकू से दुर्बल ही साबित हुए। *कोनजिकी याशा* में इनका रूमानी साहित्य की तरफ रुझान देखने को मिलता है।

साननिनत्सुमा 1892 में प्रकाशित कोयो की प्रमुख रचनाओं में से एक है। एक धन्ना सेठ के इर्द-गिर्द तीन औरतों की वासनात्मक सम्बन्धों को दर्शाता यह उपन्यास काफी हद तक एदोकालीन साहित्य से प्रभावित है। नायक कात्सुरागी यो गोरो एक गरीब किसान के घर दूसरे पुत्र के रूप में जन्म लेता है। बड़े होने के बाद जब तोक्यो पहुँचता है तो अपने जौहर और किस्मत की वजह से वह एक धन्नासेठ बन जाता है। ओसाइ, कोबाइ एवं ओएन–ये तीन औरतें इसकी रखैल बनती हैं।

ताजो ताकोन (1896) एक आधुनिक बुद्धिजीवी के अन्तर्मन को टटोलता मनोवैज्ञानिक एवं यथार्थवाद का प्रतिनिधि उपन्यास है। नायक सुमी र्‌यूनोसुके एक स्कूल का अध्यापक है। पत्नी ओरूई की मृत्यु से वह दुःखी रहता है। दोस्त हायामा के कहने पर वह उसके घर पर रहने लगता है। ओताने को नापसन्द करते हुए भी सभी र्‌यूनोसुके की हमदर्दी देख हामादा अपनी पत्नी के प्रति गलतफहमी का शिकार हो जाता है। इस गलत फहमी के चलते सुमी र्‌यूनोसुके को दोस्त का घर छोड़ना पड़ता है।

अपना अन्तिम उपन्यास *कोनजिकी याशा* (1897-1902) कोयो ने अधूरा छोड़ दिया परन्तु इनके शिष्य ने इसको पूरा किया। यह कोयो साहित्य का सबसे वृहत एवं प्रसिद्ध उपन्यास माना जाता है। नायक हाजामाकान इचि अपने मंगेतर के हाथों धोखा पाने के बाद पैसे की ताकत दिखाने वालों के प्रति प्रतिशोध की भावना से सूदखोरी की दुनिया में कदम रखता है। मेइजी समाज का पूँजीवादी व्यवस्था की चपेट में आना, मानवीय मूल्यों के विघटन के दौरान उठे द्वंद्व को यह उपन्यास बखूबी दर्शाता है।

हिगुची इचियो

(1872-1896)

19वीं शताब्दी के अन्तिम दशक में मेइजी साहित्य की प्रतिनिधि रचनाकार हिगुची इचियो का जन्म सन् 1872 में तोक्यो में हुआ। पिता नोरियोशी और माँ ताकी की ये दूसरी संतान थीं। स्कूल की पढ़ाई केवल प्राइमरी तक ही कर पाई परन्तु एक प्राइवेट स्कूल से इन्होंने वाका (क्लासिकी चीनी कविता से विलग जापानी भाषा में रचित स्वदेशी कविताएँ) की पढ़ाई जारी रखी। अभी ये छोटी ही थीं कि इनके पिता और भाई का देहान्त हो गया, जिसकी वजह से माँ और छोटी बहन की पूरी जिम्मेदारी इनके कंधों पर आ गई। प्राइवेट स्कूल के साथी मियाके काहो ने इन्हें उपन्यास लिखने को प्रेरित किया और नाकाराइ तोसुई की छत्रछाया में इन्होंने उपन्यास लिखने शुरू किए। बाद में 'बुनगाकुकाई' (एक और बहुचर्चित साहित्यिक दल) के सदस्यों से संपर्क स्थापित हुआ तो इन्हें और प्रोत्साहन मिला। इन्होंने अपने ही ढंग के रूमानी उपन्यास लिखे। अपनी जिन्दगी के ग़म और मुश्किलें भी इनकी रचनाओं में कहीं न कहीं झलकती हैं। 1896 में महज 24 वर्ष की छोटी आयु में इनका देहान्त हो गया। लेकिन अपनी रचनाओं के जरिए इन्होंने साहित्य की दुनिया में एक अमिट छाप छोड़ी है।

हिगुची इचियो की प्रमुख रचनाओं में '*निगोरिए* (1895)' '*जूसानया* (1895)' एवं '*ताकेकुराबे* (1895-96)' हैं।

ताकेकुराबे बदलते मौसम एवं कोठों की जिन्दगी की पृष्ठभूमि में, पलते-बढ़ते बच्चों के किशोरावस्था से जुड़ी अनेक पहलुओं को रोशन करता उपन्यास है। तोक्यो के योशीवारा कोठे में पल रही मिदोरी नाम की लड़की नोबुयुकी नामक लड़के से मन ही मन प्रेम करती है। उसे छुपाने के लिए वह शोतारो से दोस्ती बढ़ाती है। नोबुयुकी भी मन ही मन मिदोरी से प्रेम करता है, परन्तु दोनों एक-दूसरे को कभी भी अपने

दिल की बात नहीं कह पाते और इसी बीच नोबुयुकी किसी बौद्ध स्कूल में पढ़ने चला जाता है।

जूसानया (1895) की नायिका ओसेकी एक दिन अपने पति के अत्याचारों से तंग आकर अपनी इकलौती संतान को छोड़कर पिता के घर लौट आती है। उस दिन 13वीं की चाँदनी रात थी। किन्तु पिता समाज में अपने परिवार की इज्जत को अधिक महत्त्व देते हैं और बेटी को लौटने के लिए मजबूर करते हैं। ओसेकी लाचार होकर अपने पति के घर वापस लौटती है। वह जिस रिक्शा में वापस जाती है, उसका चालक ओसेकी का विवाहपूर्व प्रेमी था। परिस्थितिवश रिक्शा चलाने को मजबूर हो चला प्रेमी ओसेकी को पहचान अपनी दास्तान सुनाता है। ओसेकी एक बड़े घर की बहू थी इसलिए वह अपने पूर्व-प्रेमी को किराए के पैसे देकर पति के घर वापस चली जाती है। मेइजी काल में औरतों की त्रासदी का प्रतिनिधित्व करती यह एक अविस्मरणीय रचना है।

रूमानीवाद

स्व-व्यक्तिवाद जब यथार्थवाद में पूरी तरह अभिव्यक्त न हो पाया तब व्यक्तिप्रधान विचारधारा पनपती है। व्यक्तिवाद और यथार्थवाद के आपसी सम्बन्धों के बीच रूमानीवाद का उद्भव होता है। रूमानीवाद का तात्पर्य अगर मनुष्य की भावनात्मक प्रवृतियों से है तब समस्त जापानी साहित्य को रूमानी कहना ग़लत न होगा। जापान के प्रख्यात साहित्यकार बुसोन और उएदा आकिनारी को रूमानी साहित्यकार के रूप में जाना जाता है और चिकामात्सु के रूमानीवाद को सर्वथा साइकाकू के रूमानीवाद से भिन्न माना जाता है। लेकिन रूमानीवाद के दर्ज़े के लिए रचना में भावनाओं की प्रचुरता ही काफी नहीं होती।

जापानी रूमानीवाद का उद्भव पाश्चात्य रूमानी परम्परा की छाया में आरम्भ होता है जिसमें न सिर्फ मानवीय भावनाओं का प्रवाह है बल्कि

व्यक्तिवाद और व्यक्तिपरक आज़ादी की लगातार खोज भी है। जापान में रूमानीवाद का बोलबाला ज्यादातर कविताओं के माध्यम से देखने को मिलता है। सन् 1893 में '*बुनगाकुकाई*', 1900 में '*म्योजो*', और 1909 में '*सुबारू*' नामक पत्रिकाओं के छपने के साथ रूमानीवाद का जन्म हुआ जब मोरी ओगाई की '*ओमोकागे*' (अवशेष – अनूदित कविता संग्रह) ने रूमानीवाद की अगुवाई की।

जर्मनी से वापस स्वदेश लौटने के उपरान्त ओगाई ने '*शिनसेइशा*' नामक साहित्यिक संस्था की स्थापना की और '*ओमोकागे*' के जरिये जर्मन रूमानी कविताओं के जापानी अनुवाद का बीड़ा उठाया। 1889 में '*शिनसेइशा*' ने '*शिगारामी ज़ोशी*' का प्रकाशन शुरू किया और शीघ्र ही इस पत्रिका की तूती बजने लगी। इस पत्रिका का प्रकाशन 1894 तक लगातार होता रहा लेकिन चीन-जापान युद्ध की वजह से ओगाइ को; जो सेना में शल्य चिकित्सक थे, युद्ध में शिरकत के लिए बुला भेजा गया।

हालाँकि ओगाई ने रूमानीवाद का आगाज़ किया लेकिन रूमानी आन्दोलन का श्रेय साधारणतः कितामुरा तोकोकू (1860-1894) को जाता है जिन्होंने सिर्फ पाँच सालों की लघु साहित्यिक यात्रा में रूमानीवादी प्रयोग के द्वारा जापानी साहित्य में स्वयं-बोध के दर्शन को जीवन-शैली के साथ जोड़ते हुए उसके स्वरूप और संभावनाओं पर गहराई से चिंतन किया। इस नवीन दर्शन की बदौलत, जिसमें जीवन के अन्तर्मुखी स्वरूप को सम्बोधित किया गया, तोकोकु को जापान का एक विशिष्ट साहित्यकार के रूप में पहचान है। 'बुनगाकुकाई' के साथ जुड़े प्रमुख रचनाकारों में कितामुरा तोकोकु (1868-94), शिमाजाकी तोसोन (1872-1943), मोरी ओगाई (1862-1922) और हिगुची इचियो का जिक्र विशेष रूप से आता है।

कितामुरा तोकोकु

(1868-1894)

कितामुरा तोकोकु राजनीतिज्ञ बनते-बनते साहित्यिक हस्ती बन गए। इन्होंने सन् 1889 में *सोशू नो शि* (कैदी की गाथा) और *होराइ क्योकु* (स्वर्ग के गीत, 1891) नामक कविता संग्रह की रचना की। *होराइक्योकु* मानवीय मूल्यों को प्राथमिकता देता एक महाकाव्य है जिसका आधुनिक कविता के इतिहास में प्रमुख स्थान है। कविताओं के बाद तोकोकु आलोचना के क्षेत्र में डूब जाते हैं। इनकी विशिष्ट आलोचना '*जिन्सेइ नी आइवातारू तो वा नान नो ईजो* (1893)' के अनुसार विशुद्ध साहित्य की परिभाषा वह है जो आकारहीन है और सीमा रहित है। साहित्य का उद्देश्य काल्पनिक दुनिया की खोज करना है। '*एनसेइ शिका तो जोसेइ*' (निराशावादी कवि और स्त्रीत्व, 1892) में प्लैटोनिक प्रेम प्रसंग है जिसमें लेखक 'प्यार है तो जिन्दगी है' का संदेश पाठकों तक पहुँचाता है।

जिस प्रकार तोकोकु साहित्य की समीक्षाओं में संवेदना और जज़्बे को प्रमुखता देते हैं ठीक उसी प्रकार शिमाजाकी तोसोन की '*वाकानाशू*' में इन भावनाओं को प्रमुखता प्रदान की गई है।

धीरे-धीरे जब रूमानीवाद कविता के माध्यम से नई ऊँचाइयों की ओर बढ़ता है तब कविता रहस्यात्मक होने लगती है और अंत में प्रतीत्कात्मक कविता का सृजन होना शुरू हो जाता है। इस शैली के सर्वश्रेष्ठ कवियों में, सुसुकी दाक्यूकिन (1954), उयेदा बिन (1916) एवं कानबारा आरीआके (1952) आदि का नाम बड़े आदर से लिया जाता है। ये सभी फ्रांस के प्रतीकात्मक विचारों से प्रभावित थे।

ताकायामा चोग्यू

(1871-1902)

1895 में प्रकाशित '*ताइयो*' पत्रिका से जुड़े ताकायामा चोग्यू का ऐतिहासिक उपन्यास '*ताकीगुची न्यूदो* (1896)', '*हेइके मोनोगातारी*' की असफल प्यार-प्रसंग पर आधारित है। इसे युवाओं ने काफी पसंद किया। बाद में जर्मन दार्शनिक नीचे की अतिमानवीय दृढ़ता से प्रभावित हो इन्होंने व्यक्तिवाद पर ज़ोर दिया।

तान्का (5+7+5+7+7 के क्रम से कुल 31 अक्षरों की लोकप्रिय जापानी कविता) और हाइकू (5+7+5 के क्रम से कुल 17 अक्षरों की लोकप्रिय जापानी कविता) को रूमानीवाद के मंच पर प्रतिष्ठित करने वालों में '*म्योजोहा*' संस्था (1878–1942)' के सदस्य योसानो आकिको (1878–1942) और योसानो तेक्कान (1873–1935) दंपती का नाम प्रमुख है। योसानो तेक्कान ने जहाँ युवा मर्दों के जोश को अपनी कविता के माध्यम से विभूषित किया, वहीं आकिको ने महिलाओं के यौवन, सौन्दर्य एवं रूमानी हृदय को अपनी कविताओं के जरिये दर्शाया।

सन् 1906 में चोग्यू ने राजवंश की पृष्ठभूमि में भावावेश से दूर, '*माइहिमे*' की रचना की। सन् 1901 में गीत संकलन '*मिदारेगामी*' का प्रकाशन हुआ। सन् 1890 में '*सुबारू*' पत्रिका पाठकों तक पहुँचने लगी।

'म्योजो' दल के एक नए प्रगतिशील कवि इशिकावा ताकुबोकु (1886–1912) ने भी रूमानी कविताओं के विकास में एक अहम भूमिका निभाई। आधुनिक लघु-कविता के क्षेत्र में इनकी अनेक रचनाएँ हैं। शून्यवाद पर आधारित संकलन, जो इनके मरने के बाद सन् 1912 में '*कानाशिकी गान्यू*' शीर्षक से छपा, आज भी काफी लोकप्रिय है।

मासाओका शिकी

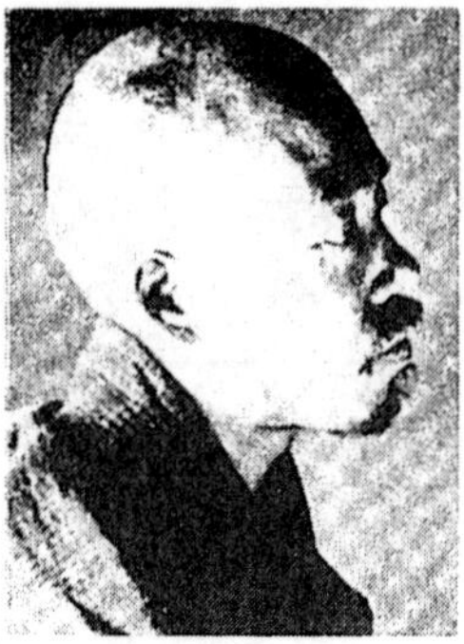

(1867-1902)

शिकी का नाम आधुनिक तान्का और हाइकू के अगुआ रचनाकार के रूप में लिया जाता है। मासाओका शिकी ने अठारह वर्ष की उम्र में ओहारा किजू के संरक्षण में हाइकू लिखना शुरू किया। इन्होंने एदो काल के उत्तरार्द्ध के हाइकू को '*त्सुकी नामी हाइकू*' का नाम दिया और मेइजी काल के मध्य में ये हाइकू को नवीनता प्रदान करने में जुटे रहे। प्रकृति, घटना और व्यक्ति को गौर से देखने के बाद चित्र में उतारना और फिर खूबसूरत एवं दिलचस्प तरीके से लिखने को प्रमुखता देना इनकी विशेष शैली थी। इस शैली को जापानी में शासेइ कहते हैं। आप तान्का को नवीनता प्रदान करने की कोशिश में जुट गए और इसी संदर्भ में '*नेगिशि तान्का काई*' नामक संस्था बनाई। आपकी मुख्य रचनाएँ हैं, '*उतायोमी नी आतायेरुशो* (1898)', 'हाइकू को' (1897-1900), जो वाका के नवीनीकरण पर बहस है। इन्होंने नात्सुमे सोसेकी (1867-1916), ताकाहामा क्योशि (1874-1959) और कावाहिगाशी हेकी गोतो (1873-1937) के साथ '*निहोन हा हाइकू*' दल भी बनाया। शिकी के मरने के बाद '*होतोतोगिसू*' पत्रिका क्योशि के संपादन में प्रकाशित होने लगी। क्योशि ने विषयप्रधान शासेइ शैली को मुख्य रूप से अपनाया।

चीन-जापान युद्ध के बाद पूँजीवादी समाज का ताना-बाना बुनना प्रारम्भ हो जाता है। समाज में उत्पन्न विसंगतियों और वैचारिक परिवर्तन के अंतर्गत दो तरह के उपन्यास सामने आए - '*शिनकोकु शोसेत्सु*' एवं '*काननेन शोसेत्सु*'। शिनकोकु शोसेत्सु को दुखद कथा-साहित्य भी कहते हैं। इसमें व्यक्ति और समाज के आपसी सम्बन्ध के अंधकारमय पक्ष प्रभावी हैं। लेखक अपने विचार और अनुभवों को जब किसी ठोस घटना से जोड़कर साहित्यिक अभिव्यक्ति करता है तब इस शैली को *काननेन शोसेत्सु* कहा जाता है।

शिनकोकु शोसेत्सु के तहत हिरोत्सु र्यूरो का '*हेमेदेन* (1895)' और

'*कुरोतोकागे*' (1895)' का विशेष जिक्र आता है, जिसमें भेदभाव से पीड़ित लोगों के उत्पीड़न को दिखाया गया है।

इजुमी क्योका (1873-1939) ने '*याको जुनसा*' (1895) एवं '*गेका शित्सु*' (1895)' में सामाजिक विसंगतियों एवं प्यार-मुहब्बत को विषय बनाकर *कान्ननेशोत्सु* की मिसाल कायम की। कावाकामी बिजान (1869-1908) की रचनाएँ '*शोकीकान*' (1895) एवं '*उराओमोते*' (1895)' भी इसी विचारधारा से प्रभावित हैं।

काननेन शोसेत्सु के बाद इजुमी क्योका ने जापानी रूमानीवाद में अपनी जगह बनाई। इनकी मुख्य रचनाओं में 'कोया हिजिरी (1900)', 'उता आनदोन (1910) और 'ओन्नो केइजु (1908)' प्रेम और रहस्यमयी दुनिया का चित्रण है।

चीन-जापान युद्ध के दौरान फौज के साथ घूमते पत्रकार कुनीकिदा दोप्पो ने (1871-1908) स्वयं प्यार में असफल हो, अपनी रचनाओं में लोगों के दुखी हृदय एवं प्रकृति के सौंदर्य को रूमानी ढंग से व्यक्त किया। इस संदर्भ में इनकी मुख्य रचना '*मुसाशिनो*' (1898) है। 'मिनयूशा' दल से निकले तोकुतोमी रोका (1868-1927) ने सामंतवादी परिवार-व्यवस्था के अंतर्गत युवाओं के प्रेम सम्बन्ध टूटने के शोक एवं त्रासदी का वर्णन '*होतो तो गिसू*' (1989-1899) नामक रचना में किया है।

रूमानीवाद के अधिकतर प्रवर्तक 'बुनगाकुकाई' नामक संस्था से जुड़े थे। यह कहना उचित न होगा कि 'बुनगाकुकाई' का उद्देश्य रूमानी आन्दोलन को मजबूत करना था, हालाँकि ऐतिहासिक विश्लेषण के आधार पर तत्कालीन आलोचकों की मान्यता इस मत के पक्ष में नहीं है। तोकोकु के निधन के बाद 'बुनगाकुकाई' के पताके को सँभालने वाला कोई न था, फिर भी रूमानी रुझान प्रत्यक्ष रूप से चोग्यू तथा परोक्ष रूप से बुनगाकुकाई के मित्रों के सौजन्य से 1905 तक चलता रहा, जब प्रकृतिवाद ने जापानी साहित्य में पदार्पण किया।

प्रकृतिवाद

मेइजी समाज पर जैसे-जैसे पश्चिम का प्रभाव गहरा होता गया, जापानी बुद्धिजीवियों का 'स्वयं' को पहचानना, उसके अस्तित्व को महत्व देना बढ़ता गया। कुछ हद तक रूमानी काल में काव्य के जरिये इसकी अभिव्यक्ति होती है। धीरे-धीरे कथा-साहित्य के जरिये जापानी समाज के परिवार-केन्द्रित सामंतवादी व्यवस्था में जहाँ 'स्वयं' को महत्ता नहीं दी जाती थी, उसका विरोध होने लगा। वास्तविकता को वस्तुगत दृष्टि से देखने का वक्त आ गया था और इन सब को व्यक्त करने के लिए साहित्य ने नया रूप लिया, जिसे प्रकृतिवाद के नाम से जाना जाता है। केन्यूशा के साहित्यकारों ने पहले *शिनकोकु शोसेत्सु* और *काननेन शोसत्सु* को जन्म दिया, फिर सामाजिक उपन्यास भी लिखे जाने लगे। बात और आगे बढ़ी और प्रकृतिवाद का हौसला बुलंद होने लगा। हालाँकि इस पर भी पश्चिमी साहित्यकारों - जैसे फ्रांस के प्रकृतिवादी साहित्यकार एमिली जोला (1840-1902), जर्मन के जी. हौप्टमैन (1862-1946) और टाल्सटाय का काफी प्रभाव रहा। परन्तु जापान में जापानी ढंग का प्रकृतिवाद ही पनप पाया, जिसमें समाज के प्रति विरोध के बजाय घटनाओं का चित्रण स्वीकारात्मक और आत्मकथात्मक शैली में प्रस्तुत करना प्रमुख हो गया।

शुरू की प्रकृतिवादी रचनाएँ; जैसे - कोसुगी तेन्गाइ (1865-1952) की '*हायारी उता* (1902)', '*हात्सु सुगाता* (1900) और नागाइ काफू (1879-1959) की '*जिगोकू नो हाना* (1902) आदि जोला के प्रकृतिवाद से प्रभावित हैं। जोला के प्रयोगात्मक सिद्धांत के अनुसार मनुष्य को उसके वातावरण और अनुवांशिकता के आधार पर वस्तुगत तरीके से समझना ही प्रकृतिवादी साहित्य है।

नागाइ काफू ने '*जिगोकू नो हाना*' में मनुष्य की पाशविकता को उभारने का प्रयास किया है और साथ में सांसारिक मिथ्या को भंग करने की कोशिशें भी। यही तायामा काताई ने भी अपनी रचना '*जूयेमोन नो साइगो* (1902)' में सफलतापूर्वक किया। जापानी प्रकृतिवाद शोयो के विचारों से भी परोक्ष रूप से जुड़ा है।

जापानी प्रकृतिवाद में प्रमुख भूमिका शिमाजाकी तोसोन (1872–1943) एवं तायामा काताई (1871–1930) ने निभाई जबकि इसके प्रणेता के रूप में तेंगाई का नाम अवश्य ही आता है। जापानी प्रकृतिवाद में तीन मुख्य पहलु सामने आते हैं। तायामा काताई का नंगा वर्णन; 'रोकोत्सु नारू व्योशा' (सतही वर्णन) एवं इवानो होमेइ (1873–1920) का एकत्व वर्णन। काताई की 'रोकोत्सु नारु ब्योशा' जापानी प्रकृतिवाद की साहित्य की समीक्षा है। तायामा काताई कहते हैं कि वाक्य की खूबसूरती और आदर्शों को सजाने से कहीं अच्छा है अश्लीलता एवं नंगेपन को बिना छुपाए बहादुरी से वर्णन करना, जिससे सच्चाई का पर्दाफाश होगा और सही मायने में वही प्राकृतिक है।

दूसरी जगह '*सेइ*' (जिन्दगी) और '*त्सुमा*' (पत्नी) जैसी रचनाओं में वे सतही वर्णन को अहमियत देते हैं, जिसके अनुसार विषय की गहराई में बिना घुसे लेखक को जैसा देखता है, महसूस करता है, वैसा ही घटना का वर्णन करना चाहिए। ठीक इसके विपरीत इवानो होमेइ (1873–1920), एकत्व वर्णन को महत्व देते हैं। इनके अनुसार रचना के अन्दर मनुष्य की व्यक्तिनिष्ठता के नजरिए को एक जगह निश्चित कर, वहाँ से विषय का वर्णन करना चाहिए।

तायामा काताई की रचना '*फुतोन*' (रजाई, 1907) में अधेड़ उम्र के अध्यापक का अपनी शिष्या के प्रति प्रेम–अभिलाषा और उससे उत्पन्न उसकी वेदना का खुलासा है। संवेदनात्मक एवं भावनात्मक कविताओं के बाद ये प्रकृतिवादी उपन्यास लिखने को प्रेरित हुए। ये फ्रांस के प्रकृतिवादी मोपासान (1850–1893) एवं फ्रुरोबेल (1821–1880) से प्रभावित थे।

शिमाजाकी तोसोन

(1872-1943)

रूमानी कवि के रूप में '*वाकानाशू* (1897)', '*हितोहा फुने* (1898)' '*नात्सुकुसा* (1898)' एवं '*राकुबाइशू* (1901)' जैसी चार कविता संग्रह लिखने के बाद गद्य की दुनिया में प्रवेश करने वाले शिमाजाकी तोसोन का जन्म मार्च 25, 1872 में नागानो प्रांत के चिकुमा जिला, मिसाका गाँव में हुआ। पिता मासाकी, माँ नुइ की ये सात संतानों में से आखिरी संतान थे। तोसोन ने अपने गाँव में बचपन के सिर्फ आठ साल ही गुजारे परन्तु गाँव की मधुर स्मृतियाँ हमेशा इनके हृदय में जगह बनाए रही। यही कारण है कि इनके साहित्य में आम लोगों एवं ग्रामीण जीवन की संवेदनाएँ झलकती हैं। इन्होंने किसानों, मजदूरों और ग्रामीण जीवन पर उस समय लिखा जब जापान में औद्योगिक विकास के तहत बड़े-बड़े कारखाने बन रहे थे। जब ये नौ साल के थे तो तोक्यो आकर अपनी बहन के घर में रहने लगे। यहाँ इन्होंने ताइमेइ प्राइमरी स्कूल में दाखिला लिया, जो उस समय के आधुनिक स्कूलों में से एक था।

सन् 1887 में इन्होंने मेइजी गाकुइन नामक कॉलेज में दाखिला लिया और यहीं से ईसाई धर्म के प्रति इनकी रुचि बढ़ी। यही वह जगह थी जहाँ से इनका पश्चिम संस्कृति से साक्षात्कार हुआ। इन्होंने शेक्सपियर, मैथ्यू अरनोल्ड, वड्र्सवर्थ, मिल्टन, दान्ते एवं गेते को भी पढ़ डाला और धीरे-धीरे इनकी आँखें 'स्वयं' के प्रति खुलने लगी। स्नातक के तुरन्त बाद इन्हें '*जोगाकु जास्सी*' पत्रिका में लेख लिखने एवं अनुवाद का काम मिला और यहीं से इनकी सृजनात्मक जिन्दगी की शुरुआत हुई। इसी साल इन्हें मेइजी ओन्ना गाक्को के अंग्रेजी विभाग में अध्यापक की नौकरी भी मिली।

अपनी शिष्या सातो सुकेको से, जो इनसे बड़ी भी थी, प्यार हो गया किन्तु सुकेको की सगाई हो चुकी थी। इससे इनको इतना धक्का पहुँचा कि नौकरी से इस्तीफा देकर ये उत्तरी जापान से लेकर पश्चिमी जापान

तक निरुद्देश्य घूमते रहे। इस बीच ये कविताएँ और निबंध वगैरह लिखते रहे।

ये जब तोक्यो वापस लौटे तो इनकी मुलाकात कितामुरा तोकोकु (1868-94) से हुई जो तोसोन को पूरी उम्र लिखने के लिए प्रेरित करते हैं। इनकी दोस्ती केवल दो ही साल तक रही क्योंकि कितामुरा ने 1894 में आत्महत्या कर अपना जीवन खत्म कर डाला। तोसोन को इससे काफी गहरा सदमा पहुँचा किन्तु कितामुरा से इन दो सालों में इन्होंने इंसानियत और नैतिकता से सम्बन्धित इतना कुछ सीख लिया था कि वह उम्र भर के लिए काफी था। कुछ समय के लिए इन्हें मेइजी जोगाक्को में माँ की देखभाल करने के लिए मजबूरन नौकरी करनी पड़ी। इसी बीच इनके बड़े भाई का व्यापार की गड़बड़ी में जेल जाना और 1895 में सातो सुकेको की मृत्यु की ये दो घटनाएँ तोसोन को फिर से झकझोर डालती हैं और ये दुबारा नौकरी से इस्तीफा दे बैठते हैं। सन् 1896 से लेकर 1897 तक इन्होंने सेन्दाइ के तोहोकु गाकुइन में अध्यापन किया। यहीं इन्होंने '*वाकानाशू*' कविता संग्रह लिखा। '*वाकानाशू*' से कविता को नया आयाम मिला और जापान में नई कविता की शुरुआत हुई। कविताओं के चार संग्रह लिखने के बाद ये धीरे-धीरे अन्तर्मुखी होते गए।

सन् 1899 में इनका विवाह हुआ और 1900 में इनकी पहली संतान, पुत्री मिदोरी पैदा हुई। उसके बाद इनकी दो पुत्रियाँ और पैदा हुईं; परन्तु कुछ समय बाद ही इनकी ये तीनों संतानें परलोक सिधार गईं और सन् 1910 में इनकी पत्नी का भी देहान्त हो गया।

सन् 1906 में प्रकृतिवादी शिमाजाकी तोसोन ने '*हाकाइ*' (अवज्ञा) प्रकाशित की जिसमें बुराकु समुदाय से सम्बन्धित पहलुओं को उठाया गया है। इस उपन्यास को पढ़ने से यह साफ जाहिर हो जाता है कि इनके ऊपर रूसी उपन्यासकार दोस्तोवस्की के उपन्यास 'क्राइम एण्ड पनिशमेंट' का गहरा असर है। '*हाकाइ*' के बाद ये आत्मकथात्मक उपन्यास लिखने लगे।

हाकाई में जातीय भेदभाव से ग्रसित 'बुराकु' समुदाय का नायक सेगावा उशिमात्सु स्कूल मास्टर है। सेगावा के पिता की हिदायत थी कि

वह उम्र भर अपनी जाति का भेद किसी से जाहिर न करे; परन्तु सेगावा इनोको तारोउ जो उसी समुदाय का था, प्रभावित हो शिष्यों के सामने अपनी जाति का भेद खोल बैठता है।

इनकी प्रमुख रचनाओं पर एक नजर :

वाकानाशू (कविता संग्रह, 1897)
क्यूशुजिन (पूर्व-मालिक, 1902)
हाकाई (अवज्ञा, 1906)
हारू (बसंत, 1908)
इये (परिवार, 1911)
चिकुमागावा नो स्केच (चिकुमा नदी के रेखाचित्र, 1912)
ओसानाकी मोनो (छोटे बच्चे, 1917)
फुरूसातो (गांव, 1920)
ओसाना मोनोगातारी (नन्हें बच्चों की कहानी, 1924)
नोबिजिताकू (किशोरावस्था, 1925)
योआकेमाये (सुबह होने से पूर्व, 1932)।

हालाँकि प्रकृतिवाद के संदर्भ में तोसोन की 'अवज्ञा' (हाकाई, 1906) और काताई की बहुचर्चित रचना रज़ाई (*फुतोन*, 1907) का ज़िक्र अक्सर होता है फिर भी तोसोन द्वारा 1910-11 के दौरान प्रकाशित उपन्यास 'इए' (परिवार) को प्रकृतिवादी रचनाओं में सर्वश्रेष्ठ कृति की संज्ञा दी गई है। बीसवीं सदी के दूसरे दशक में प्रकृतिवादी मत कमजोर होने लगता है लेकिन प्रकृतिवादी लेखकों का प्रभाव ताइशो काल में भी भली-भाँति देखने को मिलता है। तोकुदा शूसेइ (1871-1943) जिसे ताइशो और शोवा काल के अग्रणी रचनाकार कावाबाता ने भी एक प्रबल साहित्यकार का दर्ज़ा दिया, अपनी कृति '*आशिआतो*' (पदचिन्ह, 1910) की वजह से काफी चर्चित रहे। आलोचकों के अनुसार '*आशिआतो*' में प्रकृतिवादी लेखन और शैली अपनी पराकाष्ठा हासिल करता है जो नीरस होने के बावजूद पाठक को ऊबने नहीं देता। जिन्दगी के अधाम और घृणित पक्षों को भी शूसेई सम्मानजनक तरीके से प्रस्तुत करने में सफल रहे हैं जो अन्य प्रकृतिवादी कृतियों में कम ही देखने को मिलता है।

अन्य रचनाओं में *आराकुरे* (1915) और *जिम्बुत्सु* (1938) का विशेष स्थान है। प्रकृतिवादी साहित्यकारों में हाकुचो (1879-1962), चिकामात्सु शूको (1876-1944), होमेई (1873-1920), और सोमा गोफू (1883-1950) का भी ज़िक्र आता है। 1920 तक प्रकृतिवादी आन्दोलन लगभग समाप्त हो जाता है।

अप्रकृतिवाद

मेइजी के अंतिम काल से लेकर ताइशो के मध्य तक जब प्रकृतिवादी लेखक आत्मकथात्मक और स्वीकारात्मक (कन्फेशनल) साहित्य लिखने में प्रयत्नशील थे तब दो महान साहित्यकार, नात्सुमे सोसेकी एवं मोरी ओगाई प्रकृतिवादी विचारों से भिन्न साहित्य को एक नई शैली और दिशा प्रदान करने में मशगूल थे। इनके अन्तर्गत '*तान्बीहा*', '*शिराकाबा*' और '*शिनशिचो*' जैसी साहित्यिक संस्थाओं का जन्म और विकास हुआ।

नात्सुमे सोसेकी

(1867-1916)

नात्सुमे सोसेकी एदो के उशिगोये बाबा शिता योकोमाची में पैदा हुए। पिता कोह्योये नाओकात्सु एवं माँ चिए की ये आखिरी संतान थे। अभी साल भर की ही उम्र के थे कि शियोबारा मासानेसुके ने इन्हें गोद ले लिया। पालक माँ-पिता के बीच सम्बन्ध अच्छे न होने से थोड़े ही समय के बाद ये वापस अपने घर आ गए। बचपन से आप आर्किटेक्ट बनना चाहते थे परन्तु एक दोस्त के कहने पर साहित्य के प्रति आपका रुझान बढ़ा और आप तोक्यो इम्पीरियल

विश्वविद्यालय के इंगलिश विभाग में अध्यापक के पद पर आसीन हुए। उस वक्त आपकी मुलाकात मासाओका शिकी (1885-1902) से होती है। मासाओका शिकी चीनी कविता के विद्वान थे। इन्होंने सोसेकी को काफी प्रभावित किया। तोक्यो कोतो शिहान गाक्को से त्यागपत्र देकर आप शिकोकु के मात्सुयामा माध्यमिक स्कूल में नौकरी करने लगे। वहाँ मासाओका शिकी और ताकाहामा क्योशि (1847-1959) के साथ हाइकू लिखने लगे। मात्सुयामा शहर इनकी 'बोच्चान' रचना का मंच बना। बाद में सोसेकी कुमामोतो के दाइगोकोतो स्कूल में पढ़ाने लगे। सन् 1896 में नाकाने कियोको से इनका विवाह हुआ। चार साल कुमामोतो में रहने के बाद शिक्षा मंत्रालय की छात्रवृत्ति पर इंग्लैण्ड गए और साहित्य चर्चा पर अपना शोध शुरू किया। परन्तु वहाँ पैसे की कमी और अकेलेपन से ऐसे घिरे कि नर्वस ब्रेकडाउन से ग्रसित हो स्वदेश वापस आ गए। इग्लैण्ड में देखी-सुनी बातें एवं अपने अनुभव इन्होंने 'रोन्दोनतो' एवं 'काराइरु हाकुबुत्सुकान' जैसी रचनाओं में प्रकाशित किए। सन् 1903 में दाइइचि कोतो गाक्को में अध्यापक बने और साथ में तोक्यो इम्पीरियल विश्वविद्यालय में भी अध्यापन का कार्य किया। ताकाहामा क्योशि के कहने पर सन् 1905 में इन्होंने पत्रिका में '*वागा हाइ वा नेको दे आरू*' (मैं बिल्ली हूँ) छपवाई। सोसेकी ने मासाओका शिकी और ताकाहामा क्योशि की शासेइ शैली अपनाई। शासेइ शैली के अनुसार प्रकृति या किसी घटना को अच्छी तरह गौर करने के बाद उसे चित्रों में उतारना और उसके आधार पर मनोरंजक अर्थात् मजेदार वाक्य संरचना की जानी चाहिए। इससे सोसेकी की सृजनात्मकता में तेजी आई। बस, फिर क्या था! अध्यापन के साथ-साथ लिखने का काम भी तेजी से चलने लगा। कुछ समय के लिए इन्होंने 'आसाही शिम्बुन' अखबार में भी काम किया। सबसे पहली रचना जो इन्होंने अखबार में छपवाई, वह थी '*गुबी जिन्सो*'। कुछ समय बाद इनकी छत्रछाया में काफी शागिर्द आने लगे, हर वृहस्पतिवार ये अपने शागिर्दों से मिलते थे।

पहले से ही बीमार रहने वाले सोसेकी ने सन् 1910 में '*मोन*' लिखी फिर ये अमाशय के अल्सर की चपेट में आकर पस्त पड़ गए। इन्हें सूजैन्जी गरम सोता जाकर इलाज करवाना पड़ा। वहाँ अत्यधिक खून की उल्टी

होने से इनकी जान खतरे में पड़ गई। किसी तरह जान तो बच गई परन्तु दर्दनाक अनुभवों ने इनकी बाद की रचनाओं पर काफी असर डाला। अपने जीवन के उत्तरार्द्ध की तीन मुख्य रचनाएँ '*हिगानसुगी गादे*', '*कोजिन*' एवं '*कोकोरो*' हैं जिनमें गहरा तत्त्वचिंतन देखने को मिलता है। इनका शरीर तो थक गया परन्तु सृजनात्मक अभिलाषा नहीं। अंततः '*मेइआन*' नामक रचना को अधूरा ही छोड़ सोसेकी परलोक सिधार गए।

नात्सुमे सोसेकी को बचपन से अपनों से निष्ठुरता हासिल हुई। इनकी शुरू की रचनाओं में पिता के प्रति घृणा और माँ के प्रति ललक झलकती है। चोट लगा 'स्वयं' नाइंसाफी और दगाबाजी के बीच जूझता इनका हृदय सौन्दर्य की तलाश में भटकता था। विनोदशील मनोभाव से जिंदगी को देखते स्वयं को अंतर्निरीक्षक कहते हुए पूरब की नैतिकता एवं पश्चिम की तर्क संगति के बीच संतुलन स्थापित करती सोसेकी की जिन्दगी में 'स्वयं को लाँघकर' प्रकृति या ईश्वर में तल्लीन हो जाने की प्रवृति भी देखने को मिलता है।

इनका सृजनात्मक दौर खासतौर पर सन् 1905 से 1916 तक रहा। इनकी मुख्य रचनाओं में निम्नलिखित विशेष महत्त्व रखती हैं :

वागाहाइ वा नेको दे आरू (मैं बिल्ली हूँ, 1905)
बोच्चान (नन्हा मास्टर, 1906)
कुसा माकुरा (घास का तकिया, 1906)
नीहयाकु तोका (दो सौ दसवाँ दिन, 1906)
नो वाकी (शरद की हवा, 1907)
गुबीजिन्सो (पोस्ता, 1907)
कोफु (खान मजदूर, 1908)
यूमेजूया (ख्वाब की दस रातें, 1908)
सानशिरो (सानशिरो, 1908)
सोरेकारा (उसके बाद, 1909)
मोन (द्वार, 1910)
हिगानसुगी मादे (सामन के बाद, 1012)
कोजिन (पथिक, 1012)

कोकोरो (हृदय, 1914)
वाताशिनो कोजिन शुगी (मेरा व्यक्तिवाद, 1914)
गारासु दो नो उची (शीशे के दरवाजे के अन्दर, 1915)
मिचिकुसा (रास्ते की घास, 1915)
मेइआन (धूप-छाँव, 1916)

'मैं बिल्ली हूँ' जापान-रूस युद्ध की पृष्ठभूमि में लिखा गया उपन्यास है। अंग्रेजी अध्यापक कुशामी, सौन्दर्यशास्त्री मेइतेइ एवं वैज्ञानिक कानगेत्सु जैसे बुद्धिजीवियों की जिंदगी एवं आम लोगों के जीवन के प्रति इनके विचार, उपहास एवं कटाक्ष को बिल्ली की नजरों से सोसेकी ने बखूबी चित्रित किया है।

'*सोरेकारा*' मेइजी काल के उत्तरार्द्ध की सामाजिक पृष्ठभूमि में लिखा गया उपन्यास है। नागाइ दाइसुके नामक युवक एक तरह के शौर्य दिखाने के एवज् में अपनी प्रेमिका को, जिससे वह दिल ही दिल में प्रेम करता है, अपने दोस्त हिराओका को सौंप देता है। दुर्व्यसन और अनेकों असफलताओं के कारण हिराओका और मिचियो का विवाहित जीवन ठीक-ठाक नहीं चलता। दाइसुके को जब पता चलता है तब वह मिचियो से फिर मिलता है और दिल में सँजोए अपने प्यार का खुलासा करता है। समाज के नियमों का उल्लंघन करने से अपने पिता से दाइसुके का सम्बन्ध बिगड़ जाता है, और एक दिन इसी सनक के साथ वह घर छोड़कर निकल पड़ता है।

'*बोच्चान*' नात्सुमे सोसेकी के मात्सुयामा शहर के अनुभवों का एक वृत्तांत है। भौतिक विज्ञान में स्नातक 'मैं' बचपन से एक लापरवाह एवं अंधाधुंध बहादुरी दिखने की हरकत करने वाला बच्चा है। उसका नाम बोच्चान है, जिसे उसकी आया 'क्यो' बहुत लाड़-प्यार करती है। स्नातक की पढ़ाई पूरी करने के बाद बोच्चान शिकोकु के मात्सुयामा शहर गणित का शिक्षक बनकर जाता है। परन्तु कुछ ही सालों में वह नौकरी से इस्तीफा देकर तोक्यो वापस आ जाता है, क्योंकि न तो वहाँ के अध्यापक उसे रास आते हैं, न ही विद्यार्थी। पूरा उपन्यास, मात्सुयामा में बिताए उसके कटु अनुभवों का ब्यौरा है। बोच्चान अपने को तोक्यो का सभ्य

नागरिक समझता है और वह मात्सुयामा के हरेक अध्यापक के व्यवहार की नुक्ताचीनी करता है। छात्र भी कई बार बोच्चान को चिढ़ाने से बाज नहीं आते। कुल मिलाकर यह उपन्यास उपहास, व्यंग्य और यथार्थ का एक खूबसूरत संगम है।

मोरी ओगाई

(1862-1922)

मेइजी काल के प्रमुख साहित्यिक प्रणेता ओगाई मूल रूप से चिकित्सक थे। उन्होंने जापानी साहित्य को नई मान्यताएँ, विचारधारा और शैली प्रदान करने में एक प्रभावशाली भूमिका निभाई है।

ओगाई का जन्म एक सामुराई परिवार में हुआ। इनके पिता स्थानीय महाधिपति के यहाँ चिकित्सक थे। ओगाई शिमाने प्रांत के एक छोटे शहर त्सुवानो में बड़े हुए। उन्होंने प्रारंभिक शिक्षा के दौरान कन्फ़्यूसीय ग्रंथ पढ़े। सन् 1872 में ओगाई दस साल की अवस्था में तोक्यो आए और पिता की तरह चिकित्सक बनने के लिए जर्मन भाषा सीखने लगे। 1881 में उन्होंने तोक्यो विश्वविद्यालय के चिकित्सा विभाग से स्नातक की उपाधि प्राप्त की। तत्पश्चात् सेना में चिकित्सक नियुक्त हुए। 1884 में लोक स्वास्थ्य के अध्ययन के लिए जर्मनी रवाना हुए। वहीं उन्हें यूरोपीय साहित्य, संस्कृति तथा सभ्यता को करीब से जानने का मौका मिला।

ओगाई का साहित्यिक जीवन फ़ौज की नौकरी की वजह से अस्त-व्यस्त रहा, फिर भी वह दोनों वृत्तियों को बखूबी निभाते रहे। उन्होंने पहला लेख 1881 में प्रकाशित किया। जर्मनी से 1888 में लौटने के बाद ओगाई ने शिनसेइसा नामक संस्था की स्थापना् की। इस संस्था ने 1889 में ओगाई द्वारा अनूदित और संपादित यूरोपीय रोमानी कविताओं का प्रकाशन '*ओमोकागे*' शीर्षक से किया। इस संस्था ने शिगारामी ज़ोशी

नामक पत्रिका का भी प्रकाशन किया, जिसे स्वयं ओगाई ने संपादित किया। यूरोपीय रोमानीवाद को जापानी साहित्यकारों तक पहुँचाने में इस पत्रिका का एक महत्त्वपूर्ण स्थान है।

ओगाई को जापानी साहित्य के इतिहास में रोमानीवाद का सूत्रधार माना जाता है। इस संदर्भ में इनकी कृतियाँ जैसे '*माइहिमे*' (1890), '*विटा सेक्सुआलिस*' (1909), '*सेइनेन*' (1910) तथा '*गान*' (1911-1913) महत्त्वपूर्ण हैं। इनके अलावा ओगाई ने कई लघु कहानियाँ, लेख तथा अनुवाद प्रकाशित किए। इनकी कृतियों में यूरोपीय दर्शन, आधुनिक विचारधारा एवं चिंतन का गहरा असर देखने को मिलता है। वह आधुनिक विचारधारा से प्रेरित अवश्य थे, लेकिन साथ ही उनके मन में जापानी संस्कृति एवं परंपरा के प्रति असीम श्रद्धा भी थी। इनकी ऐतिहासिक रचनाओं में बौद्धवाद और कन्फ्यूसियवाद का प्रभाव भी देखने को मिलते हैं। पाश्चात्य जीवनदर्शन से प्रभावित होने के बावजूद वह पश्चिम का अंधाधुंध अनुसरण करने के विरोधी थे। अपितु पूर्व और पश्चिम के जीवन-मूल्यों के बीच संतुलन स्थापित करने के पक्षधर थे। वह पाठकों को किसी विशेष दर्शन या 'वाद' को अपनाने के प्रति उत्प्रेरित नहीं करते थे। उनका ज़ोर आलोचनात्मक दृष्टिकोण अपनाने पर था ताकि सत्य को मिथ्या से अलग किया जा सके।

ओगाई के लेखकीय जीवन में एक दौर ऐतिहासिक साहित्य (1913-1916) का भी चला। जहाँ एशिया के प्राय: सभी देशों में पश्चिमी प्रभाव दिख रहा था, वहीं जापान का एक लंबी अवधि तक पाश्चात्य प्रभाव से वंचित रहना ओगाई के मानस-पटल पर एक प्रश्नचिह्न की तरह अंकित रहता था। इसके कारणों को जानने के लिए वह हमेशा प्रयत्नशील रहे। उनकी मान्यता थी कि जापान के ऐतिहासिक तथा आध्यात्मिक परिप्रेक्ष्य को समझे बगैर इसके कारणों को व्यापक रूप से समझना मुश्किल है। इससे प्रेरित होकर उन्होंने अपनी कहानियों तथा उपन्यासों को ऐतिहासिक पृष्ठभूमि पर केन्द्रित किया। ओगाई के अनुसार, अगर वर्तमान का हूबहू चित्रण करना यथार्थवाद है तो इतिहास भी यथार्थ का ही अंग है और ऐतिहासिक पुनर्निर्माण के द्वारा समकालीन समाज में व्याप्त मनोवृत्तियों एवं भावनाओं को बेहतर समझा जा सकता

है। सम्राट मेइजी की मृत्यु के पश्चात् उनके सेनापति जनरल नोगी द्वारा आत्महत्या करना हालाँकि एक सामुराई के जीवन से जुड़ी परंपरागत बात थी, लेकिन इस घटना ने ओगाई को झकझोर दिया। ओगाई ने ऐसी ही कई जापानी परंपराओं और मनोवृत्तियों को अपने ऐतिहासिक साहित्य के माध्यम से उजागर करने की चेष्टा की। उन्होंने इसके लिए लोक-कथाओं और ऐतिहासिक दस्तावेज़ों का उदारता से इस्तेमाल किया।

ऐतिहासिक कथा-साहित्य की शृंखला में 'सानशोदायु' (*सानशोदायु*, 1915), 'अँधेरे में एक नाव चलती थी' (*ताकासेबुने*, 1916) तथा 'आखिरी पंक्ति' (*साइगो नो इक्कू*, 1915) ओगाई की बहुचर्चित कहानियाँ हैं। 'सानशोदायु' हेइआन काल (794-1185) की एक दंतकथा पर आधारित है, लेकिन यह एदो काल (1603-1867) की पृष्ठभूमि में लिखी गई है। 'अँधेरे में एक नाव...' भी 1772 में प्रकाशित कथाओं के एक संग्रह में शामिल एक कहानी से प्रभावित है। साथ ही, इस पर रूसी उपन्यासकार फ्योदोर दोस्तोवस्की के उपन्यास 'अपराध और दंड' का प्रभाव भी झलकता है। इन तीनों कहानियों में लेखक जहाँ जापान की मध्ययुगीन सामाजिक और राजनीतिक व्यवस्था के पतन को बखूबी उभारता है, वहीं मानवीय सम्बन्धों और उनसे जुड़ी भावनाओं तथा संवेदनाओं को भी ज्वलंत करने में सफल होता है। अपराध और दंड के बीच झूलते मनुष्य की विडंबना 'अँधेरे में एक नाव...' तथा 'आखिरी पंक्ति' में पराकाष्ठा पर है। भाई को पीड़ा से मुक्त कराने की चेष्टा में भाई की मौत जहाँ क़ानून की दृष्टि में अपराध है, वहीं किसुके को दी गई सज़ा उसके लिए वरदान सिद्ध होती है। कानून में व्याप्त असंगति तथा अपराध और दंड के आनुपातिक संतुलन की ओर भी ओगाई ध्यान आकृष्ट कराते हैं।

जैसा कि ज़िक्र किया जा चुका है कि ओगाई की ऐतिहासिक कहानियों में बौद्ध और कन्फ्यूसीय मतों का प्रभाव रहा है। 'सानशोदायु' में बच्चों के रक्षक जिजो देवता की बदौलत जुशियो का अपने पिता के सम्मान को वापस पा लेना, और बिछड़ी माँ से मिल जाना—जैसे प्रसंग तत्कालीन जापान के आध्यात्मिक मूल्यों का संकेत देने के साथ सामाजिक यथार्थवाद की झलक भी प्रस्तुत करते हैं। मातृ-पितृ भक्ति,

भाई-बहन के प्रेम, श्रेष्ठ जनों तथा व्यवस्था के प्रति सम्मान की भावना जहाँ कन्फ्यूसीय सामाजिक सिद्धांतों पर आधारित हैं, वहीं न्याय की असंगत व्यवस्था के प्रति इचि के कटाक्षपूर्ण शब्द सहज मानवीय आक्रोश के द्योतक हैं। अध्यात्म और सामाजिक यथार्थवाद का सुंदर समन्वय ओगाई की कहानियों में दृष्टिगोचर है।

ओगाई न सिर्फ़ कहानियों के ऐतिहासिक और सामाजिक संदर्भ के प्रति जागरूक हैं, बल्कि इन संदर्भों के व्यापक मूल्यांकन के साथ-साथ उन्होंने पात्रों के चारित्रिक विकास के प्रति भी काफी सजगता दिखाई है। 'अँधेरे में एक नाव चलती थी' (*ताकासेबुने*) में मार्गदर्शी शोबे का अपनी व्यक्तिगत परेशानियों की तुलना अपराधी किसुके की ज़िंदगी से करना; 'आखिरी पंक्ति' में इचि का दृढ़ व्यक्तित्व तथा उसकी माँ का नाउम्मीद होते जाना; दंडाधिकारी सासा के अंतर्मन में उठते प्रश्न आदि एक तरफ जहाँ कथानक को मज़बूती प्रदान करते हैं, वहीं दूसरी तरफ पात्रों के चरित्र को तमाम अवरोधों के बावजूद विकसित होने में मदद करते हैं।

ओगाई की यह विशेषता रही है कि यद्यपि वह समस्याओं के विभिन्न पहलुओं को दर्शाते हैं, लेकिन उन परिस्थितियों से जुड़ी संभावनाओं की ओर केवल परोक्ष रूप से संकेत करते हुए अपनी प्रतिक्रिया कदापि नहीं देते। कहीं वह मूकदर्शक की भाँति कथावाचन करते हैं, तो कहीं आलोचनात्मक मूल्यांकन। यथार्थ और कल्पना का सामंजस्य ओगाई की कथा-शैली की एक विशेषता रही है। यह कोई आश्चर्य की बात नहीं कि आधुनिक जापानी साहित्य के दिग्गज कथाकार, जैसे - आकुतागावा र्‌यूनोसुके, तानीज़ाकी जुनइचिरो तथा मिशिमा युकियो उन्हें ही अपना गुरु मानते हैं।

मोरी ओगाई की मुख्य रचनाएं हैं :

ओमोकागे (अवशेष, 1889),
शिगारामी जोशी पत्रिका का पहला संस्करण, 1889
माइहिमे (नर्तकी शहजादी, 1890),
सोक्योशिजिन (आशुकवि, 1892),

सुबारू पत्रिका का पहला संस्करण, 1909
हानंनिचि (आधा दिन, 1909),
विटा सेक्सुआलिस्ट, 1909
सेइनेन (नवजवान, 1910),
गान (कल हंस, 1911),
आबे इचिजोकु (आबे परिवार, 1913),
ताकासेबुने (ताकासे नाव, 1916),
सानशोदायु, 1915
साइगो नो इक्कु (आखिरी पंक्ति, 1915)।

सोसेकी और ओगाई के नेतृत्व में पनपता मेइजी काल के आखिरी चरण का साहित्य व्यक्तिवाद के स्वर को बुलंद तो करता है साथ में बदलते सामाजिक परिवेश में उससे पैदा हुई विसंगतियों का व्यापक विश्लेषण भी प्रस्तुत करता है। सोसेकी और ओगाई जैसे साहित्यकारों के संरक्षण में जन्मा ताइशो साहित्य और एक बार फिर रूमानी और आदर्शवादी विचारधारा पनपने लगा।

अध्याय : दो

ताइशो साहित्य

इस नए काल का साहित्य लगभग 1910 से शुरू हो जाता है जब प्रकृतिवाद में व्यक्तिप्रधान अंतर्विरोध यानी जिस प्रकृतिवाद को वस्तुगत दृष्टि एवं वैज्ञानिक दृष्टि से देखा और लिखा जाना चाहिए था उसमें अब व्यक्तिप्रधान एवं रूमानीवाद का बोलबाला दिखता नज़र आने लगता है। अप्रकृतिवाद की चार पत्रिकाओं, जैसे – '*सुबारू* (1909)', '*शिराकाबा* (1910)', '*मिताबुन्गाकु* (1910)' एवं '*शिनशिचो* (1910)' के साथ जापानी साहित्य एक नई दिशा की तलाश में निकल पड़ता है जिसकी पतवार मोरी ओगाई एवं नात्सुमे सोसेकी के हाथों में थी। पाश्चात्य शिक्षा एवं व्यक्तिप्रधान सोच जब समाज पर पूरी तरह छाने लगी तब लोकतंत्र ने जन्म लिया। लोगों ने अपने अधिकार जाने। किन्तु 'स्वयं' को जितना अधिक महत्व दिया जाए उतना ही संशय भी उत्पन्न होता है। नतीजतन, यथार्थ 'जैसा है वैसा' देखने की होड़ में, अपने-अपने दृष्टिकोण को ही महत्व दिया गया। परन्तु दूसरी ओर 'स्वयं' को स्वयं ही देखा जाए तो वह 'स्वयं' का टूटना भी हो सकता है। इसलिए स्वयं को समाज से जोड़ना जरूरी हो जाता है। पहले विश्वयुद्ध तथा उसके बाद की आर्थिक मंदी से कई तरह की आर्थिक और सामाजिक समस्याएँ उत्पन्न हुईं, मजदूर-आंदोलन भी ज़ोर पकड़ने लगे। प्रकृतिवादी साहित्य के विरोध की शुरुआत '*मिता बुन्गाकु*' से हुई। कई साहित्यिक समूहों की स्थापना हुई, जैसे – '*तान्बी*', '*शिराकाबा*' और '*शिनशिचो*'। साधारणत: ताइशो काल के साहित्य को तीन भागों में विभाजित किया

जा सकता है:

1. नई रूमानी विचारधारा (*शिन रोमानुशुगी चो*, 1910–1914),
2. आदर्शवादी विचारधारा (*रिसोशुगी शिचो*, 1914–1920),
3. बुद्धिवादी विचाराधारा (*रिचिशुगी शिचो*, 1920–1925),

नई रूमानी विचारधारा

इस धारा के अन्तर्गत लेखक वस्तुगत एवं व्यावहारिकता से हट कर जीवन के संवेदनात्मक पहलुओं की ओर मुड़ने लगे। नौजवान साहित्यकारों ने सौन्दर्यवादी (*तानबीतेकि*) एवं विलासी (*क्योराकुतेकि*) साहित्य लिखना शुरू किया। संवेदनशीलता और प्रेयवाद में सुन्दरता को ढूँढ़ने की कोशिश की जाने लगी। इस प्रवृत्ति के मुख्य उपन्यासकार नागाइ काफू और तानीजाकी जुनइचिरो हैं।

नागाइ काफू

(1879-1959)

1908 में अमेरिका और फ्रांस से नागाई काफू वापस स्वदेश लौटे तो '*अमेरिका मोनोगातारी*' (अमरीका की कहानी) और '*फुरान्सु मोनोगातारी*' (फ्रांस की कहानी) का प्रकाशन हुआ, जिसमें उन्होंने अपने विदेश के अजनबीपन के अनुभव लिखे। आलोचकों का मानना है कि जिन्दगी से नकारात्मक विरोध करने से ये प्रेयवाद साहित्य लिखने लगे जिसमें कोई गहरी सोच या विचार न होकर सतही तौर पर एक कृत्रिम धार चढ़ी होती थी, जिसकी वजह से आलोचकों ने इन्हें पल्लवग्रहिता से ग्रस्त कहा। नागाइ काफू का जन्म 1879 में तोक्यो के

कोइशिकावा नामक जगह में एक सामुराई परिवार में हुआ। माँ त्सुने और पिता क्यूइचिरो के ये ज्येष्ठ पुत्र थे।

'किचोशा नो निक्की' (जापान लौटे व्यक्ति की डायरी, 1909) में फ्रांस और अमेरिका से वापस लौटने के बाद मेइजी समाज के आधुनिकीकरण की आलोचना है। पाश्चात्य साहित्य का गहन अध्ययन करने के बावजूद इन्होंने एदो संस्कृति को हमेशा अपने दिल में सँजोए रखा। जहाँ इनके दिमाग पर विदेश में बिताए दिनों की यादें थीं वहीं तोक्यो के किसी कोने में मध्ययुगीन एदो की चाहत।

'सुमिदागावा' (सुमिदा नदी, 1909)' एवं *'रेइशो'* (उपहास, 1909-10) नामक उपन्यासों में मेइजी समाज की आलोचना और एदो समाज के प्रति उनकी ललक साफ झलकती है। *'उदेकुराबे'* (प्रतिद्वन्द्व, 1916-17) में एदो काल के तवायफ की जिन्दगी का सजीव चित्रण है।

काफू का विषयवस्तु अक्सर अन्यगमन से सम्बन्धित है और इनकी नायिकाएँ सर्वथा गेइशा और मधुशालाओं की साकी हैं। मोरी ओगाई और उएदा बिन की देख-रेख में काफू ने '*मिता बुन्गाकु*' पत्रिका के प्रकाशन में अहम् भूमिका निभाई है।

काफू ने लेखन-कार्य अमरीका या फ्रांस से लौटने के बाद शुरू की हो, ऐसी बात नहीं। नागाइ काफू स्कूल की शिक्षा के दौरान हिरोत्सु रेया के शिष्य बने और अपना साहित्य सफ़र '*याशिन*' (महत्वाकांक्षा), एवं '*जिकोकु नो हाना*' (नरक के फूल, 1902) से शुरू किया। इनकी ये दोनों रचनाएँ जोलावाद से प्रभावित हैं जिसमें इन्होंने मनुष्य का पाशविक अँधेरापन दर्शाया है। फ्रांस जाने के बाद इनकी विचारधारा पर काफी असर पड़ा। इन्होंने जोलावाद को छोड़कर फ्रांस और अमेरिका के समाज और साहित्य का गहन अध्ययन किया। इसके बाद ये थोड़े समय के लिए मोपासां से भी प्रभावित रहे। जब ये विदेश से लौटे ही थे कि इन्होंने '*ओमोकागे*' से प्रभावित हो '*सान गो शू*' (1913) शीर्षक से अनूदित कविता संग्रह प्रकाशित की, जिसने आधुनिक जापानी कविता के विकास में मुख्य भूमिका निभाई। जीवन के आखिरी दिनों में ये बदलते समाज के हालात को एक व्यंग्यपूर्ण दृष्टि से देखने लगे। 1931 में प्रकाशित

अपन्यास '*त्सुयु नो आतोसाकी* (बारिश से पहले और पश्चात, 1931) इनकी श्रेष्ठ रचनाओं में से एक है। '*बोकुतो कितान*' (नदी से पूरब की एक अद्‌भुत कथा, 1937) जापानी बुन्दान (साहित्य की दुनिया) की महत्वपूर्ण कृतियों में से गिनी जाती है। युद्ध के दौरान काफू लिखते तो रहे परन्तु अपनी रचनाओं को प्रकाशित नहीं करा पाए। युद्ध की समाप्ति के बाद काफू पुनः साहित्यिक चर्चा का विषय बन जाते हैं। 1942 में लिखी '*कुनशो*' (अलंकरण), '*उकिशिजुमी*' (डूबना और तैरना) और '*तोवाजुतारी*' (एक कहानी बस यूँ ही) जिसे 1944-45 के दौरान लिखा गया, प्रकाशित हुई।

काफू पर एदो काल के जापानी साहित्यकार इहारा साइकाकू और आधुनिक रचनाकार ओगाई का प्रभाव तो था ही, साथ में फ्रांसीसी प्रकृतिवाद, विशेषकर जोला और मोपासां की रचना शैली का असर भी देखने को मिलता है। इनकी प्रारम्भिक रचनाओं में प्रकृतिवाद का पुट महज़ एक छोटे समय के लिए नहीं था हालाँकि जापानी प्रकृतिवाद का काफू ने खुला विरोध किया। काफू की रचनाओं का प्रकृतिवाद की परिभाषा के अन्तर्गत विश्लेषण करना शायद उचित न होगा क्योंकि जहाँ इन्होंने अधम और वीभत्स पहलुओं का चित्रण बखूबी किया है वहीं लयात्मक शैली और घटनाओं का विस्तारपूर्वक वर्णन इनकी रचनाओं को प्रकृतिवाद से अलग एक नई पहचान प्रदान करती है। सन् 1959 में ये परलोक सिधार गए।

तानीजाकी जुनइचिरो

(1886-1965)

सौन्दर्यवादी साहित्य का दूसरा पक्ष यानी औरतों का शारीरिक सौन्दर्य, और उससे उत्पन्न होने वाली परपीड़न रति और स्वपरपीड़न रति को तानीजाकी जुनइचिरो ने बखूबी चित्रित किया। इनका जन्म तोक्यो के निहोनबाशी इलाके में सन् 1886 में हुआ।

निहोनबाशी तोक्यो का वह निचला हिस्सा था जहाँ व्यापारी और कारीगरों की संख्या अधिक थी और एदो काल की संस्कृति ने जन्म लिया था। बचपन से ही साहित्यिक वातावरण में पालन–पोषण होने से तानीजाकी को अपने साहित्य को एक अनोखे ढंग से सुसंगठित करने में मदद मिली। पिता का व्यवसाय कुछ अच्छा न चला, इसलिए तानीजाकी को अपनी पढ़ाई जारी रखने के लिए काफी मुसीबतों का सामना करना पड़ा। विश्वविद्यालय की फीस अदा करने के लिए इन्होंने लिखने का कार्य शुरू किया।

1910 में इन्होंने '*शिनशिचो*' पत्रिका का दूसरा संस्करण छापा और अप्रकृतिवाद के मंच पर तीव्रता से अपनी जगह बनाई। इसी वक्त इन्होंने सुप्रसिद्ध साहित्यिक संस्था '*पान नो काइ*' में हिस्सा लिया और यही वह मौका था जब इनकी नागाइ काफू से पहली मुलाकात हुई। काफू ने इन्हें साहित्य की ओर अग्रसर किया और इनका हौसला बुलंद किया। बस, फिर क्या था! तानीजाकी ने लगातार सौन्दर्यवाद के तहत एक के बाद एक रचनाएँ लिखनी शुरू कर दीं और पिशाचवाद को जन्म दिया।

सौन्दर्यवाद के अंतर्गत छपी इनकी मुख्य रचनाएँ '*शिसेई*' (1910), '*किरिन*' (1910), '*शुनकिनशो*' (1933) एवं '*चिजिन नो आइ*' (1924) हैं। इन सभी रचनाओं में औरत के शारीरिक सौन्दर्य से आसक्त, उनकी खूबसूरती से प्रभावित हो उनकी खिदमत करता लाचार पुरुष औरत के पाँव पकड़कर गिड़गिड़ाते हुए स्वपरपीड़ित रति की अवस्था में दिग्दर्शित है। इन्होंने कई रचनाएँ आधुनिक नौजवानों की

मन:स्थिति को मद्देनजर रखते हुए लिखीं।

'*चिजिन नो आइ*' लिखने के बाद तानीजाकी की रचनाओं में जबरदस्त बदलाव आया। 1923 कान्तो क्षेत्र में भूकंप के बाद तानीजाकी ओसाका चले गए और वहाँ उन्होंने क्लासिकी साहित्य में जापानी सौन्दर्य ढूँढ़ने की कोशिश की। कुछ समय के लिए इन्होंने बदलते समाज को पारंपरिक धारणाओं से जोड़ने की कोशिशें भी की हैं, जैसा कि '*सासामे युकी*' (1949)' में देखने को मिलता है।

शिसेई (गोदक) 1910 में लिखा गया एक लघु उपन्यास है, जिसमें सेइकिची नामक गोदक एक सुन्दरी के शरीर पर अपनी रूह को गोदना चाहता है। एक बार इस सुन्दरी के खूबसूरत पाँव पर उसकी नजर पड़ती है और वह उसकी खूबसूरती पर मोहित हो जाता है। इत्तफाक कि जैसे ही सेइकिचि सुन्दरी की पीठ पर मकड़ा गोदने में कामयाब होता है वैसे ही उस सुन्दरी का स्वरूप पूरी तरह बदल जाता है।

शुनकिन शो नामक रचना की नायिका शुनकिन, 9 वर्ष की आयु में अपनी आँखों की रोशनी खो बैठने के बाद संगीत में रम जाती है। उसकी सेवा करने वाला सासुके उसकी खूबसूरती से मोहित हो उससे प्रेम करने लगता है। वह खुद कोतो बजाना सीख लेता है। सासुके से दो बच्चे पैदा होने के बाद भी शुनकिन उसे और उसके प्यार को स्वीकार नहीं करती। एक रात एक शिष्य शुनकिन के खूबसूरत चेहरे पर गरम पानी उड़ेल उसके चेहरे को जला बैठता है। सासुके इसी गम में अपनी आँखें फोड़ लेता है।

तानीजाकी की मुख्य रचनाओं पर एक नज़र :

शिसेइ (गोदना, 1910)
इतानशा नो कानाशिमी (अपधर्मी का दुख, 1917)
हाहा ओ कोइफुरूकी (माँ की याद में डायरी, 1919)
चिजिन नो आइ (पागल का प्यार, 1924)
मान्जि (स्वस्तिक)
तादेकुउमुशी, (1928)
शुनकिनशो (शुनकिन की कहानी, 1933)

इनएइराइसान (अवसाद की प्रशंसा, 1933)
सासामे युकी (माकीओका बहनें, 1943);
शोशो शिगेमोतो नो हाहा (कैप्टन शिगेमोतो की मां, 1949);
कागी (चाबी, 1956)।

आदर्शवादी विचारधारा

आदर्शवादी विचारधारा के अंतर्गत तीन साहित्यकारों का ज़िक्र मिलता है। इनमें शिगा नाओया, आरिशिमा ताकेओ और मुसानोकाजी सानेआत्सु प्रमुख हैं।

अपने लेखन-काल में इन रचनाकारों का सम्बन्ध '*शिराकाबा*' नामक पत्रिका से रहा। इस पत्रिका की नींव 1910 में पड़ी। इससे जुड़े सभी लोग कुलीन वर्ग से सम्बन्ध रखते थे। उनके जीवन के विभिन्न पहलुओं पर अगर गौर किया जाए तो यह कहा जा सकता है कि ये अन्य लेखकों से कहीं अधिक खुशहाल, समृद्ध और खुले विचारों के थे। ये किसी खास विचारधारा को अपना आधार नहीं मानते थे, बल्कि यह समझते थे कि हरेक व्यक्ति को अपने व्यक्तित्व और योग्यता को जीवित रखने का, उसे निखारने का मौका मिलना चाहिए। इनमें अधिकांश लेखक टॉल्सटॉय की मानवतावाद से प्रभावित थे तो कुछ उचिमुरा कान्जो (1861-1930) की ईसाई विचारधारा से। नात्सुमे सोसेकी (1867-1916) से भी इन लोगों को काफी कुछ सीखने को मिला। मनुष्य के सुख-चैन की सच्ची कामना करनी हो तो हरेक इन्सान को मानवीय मूल्यों पर ध्यान देना होगा, यही इन लेखकों का उद्देश्य था। नैतिक मूल्यों पर जोर देते हुए नेकी और सदाचार को ही सही मायने में इन्होंने सौन्दर्य का रूप माना।

शिगा नाओया

(1883-1971)

शिगा नाओया '*शिराकाबा*' के लेखकों में सर्वश्रेष्ठ माने जाते हैं। अवलोकन की पैनी नज़र और अभिव्यक्ति की पुख्तता इनकी खासियत थी। इनकी रचनाओं में जहाँ मनोवैज्ञानिक वर्णन देखने को मिलता है, वहीं प्राकृतिक सौंदर्य को भी उचित स्थान मिलता है। 'नन्हे का भगवान' में मनोवैज्ञानिक दृष्टि की बारीकी झलकती है और '*ताकीबी*' (अलाव, 1920) में दृश्य-वर्णन। ये इतनी सच्चाई और सूक्ष्मता से मनोवैज्ञानिक वर्णन करते हैं कि मनुष्य के अन्तर्मन के द्वेष, प्यार, और भावना बड़ी खूबसूरती से सामने आ जाते हैं।

शिगा नाओया का जन्म सन् 1883 में मियागी प्रांत के इशिनोमाकी शहर में हुआ। जब ये बारह वर्ष के थे तो इनकी माता का देहांत हो गया। सन् 1912 में इन्होंने माँ की मृत्यु से प्रभावित हो '*हाहा नो शी तो आताराशी हाहा*' (माँ की मृत्यु और फिर एक नई माँ) नामक रचना लिखी। सत्रह वर्ष की उम्र से ही ईसाई धर्म की ओर इनका रुझान बढ़ने लगा। लगभग इसी समय से कई मामलों में इनके अपने पिता से मतभेद की शुरुआत हुई। 1921 में इन्होंने '*आनयाकोरो*' (काली रात के दौरान), उपन्यास लिखना शुरू किया जिसे वह 1937 में पूरा कर पाए।

शिगा नाओया ने मियागी प्रांत के इशिनोमाकी गाँव में पिता नाओहारू और माँ गिन के दूसरे पुत्र के रूप में जन्म लिया किन्तु इनकी परवरिश दादा-दादी के हाथों हुई। अठारह वर्ष की उम्र में जब इन्होंने ताँबे की खान में क्षतिग्रस्त लोगों का मुआयना करने का कार्यक्रम बनाया तो पिता ने विरोध किया। यहीं से पिता के साथ इनके मतभेदों की शुरुआत हुई। लम्बी अवधि तक चले इस मतभेद का जिक्र उनकी रचनाओं में भी देखने को मिलता है।

1915 में जब ये आबिको पहाड़ पर गए तो इनकी मुलाकात एक बार फिर मुशानोकोजी सानेआत्सु से हुई और यहीं से इन्होंने सृजनात्मक

कार्य फिर से शुरू किया। इसी दौरान इन्होंने '*किनो नो साकी नितें*' (किनोसाकी से) और '*वाकाइ*' (समझौता) की रचना की। बाद में पिता के साथ इनके सम्बन्ध भी सामान्य हो गए। इनका प्रसिद्ध उपन्यास '*आन्याकोरो*' की नींव भी इसी समय पड़ी।

आन्याकोरो (1921-37) के नायक तोकितो केनसाकू को जब यह पता चलता है कि यात्रा में निकले पिता की गैर हाजिरी में दादा और माँ के बीच नाज़ायज़ सम्बन्धों की वजह से उसका जन्म हुआ तो उसे गहरा सदमा पहुँचता है, जिस कारण वह अनेक वेदनाएँ झेलता है। परन्तु जब उसकी शादी एक सुन्दर, सुशील युवती नाओको से हो जाती है, तो वह खुशहाल जिंदगी जीने लगता है। एक बार केनसाकू जब यात्रा पर निकलता है तो पत्नी नाओको, चचेरे भाई के साथ सांयोगिक अपराध कर बैठती है। केनसाकू को किस्मत एक बार फिर इस तरह झकझोर देती है कि वह दूर पहाड़ पर जाकर एकान्तवास करने लगता है; किन्तु नाओको उसका पीछा नहीं छोड़ती। वह उसके चरणों में जाकर गिरती है और चुपचाप उसकी सेवा करती है। आखिरकार केनसाकू सब कुछ भुलाकर नाओको को माफ कर देने की ताकत बटोर लेता है। विशुद्ध और शांत प्रकृति की गोद में उसे नई जिंदगी और सुकून मिलता है।

शिगा नाओया की मुख्य रचनाओं निम्नलिखित हैं:

आबाशिरी मादे (आबाशिरी तक, 1910),
सेबे तो ह्योतान (सेबे और तूंबड़ी, 1913),
हान नो हानजाई (हान का अपराध, 1913),
किनोसाकी नीते (किनोसाकी से, 1917),
वाकाई (समझौता, 1917),
आरू आसा (एक सुबह, 1918),
जूइ चिगात्सु मिक्का गोगो नो कोतो (तीन नवम्बर की दोपहर, 1919),
कोजो नो कामीसामा (नन्हे का भगवान, 1920),
ताकीबी (अलाव, 1920),
हाइइरो नो त्सुकी (स्लेटी चंद्रमा, 1946),
आन्याकोरो (अँधेरे पथ, 1921-1937)।

आरिशिमा ताकेओ

(1878-1923)

आरिशिमा तोकेओ का जन्म 4 मार्च, 1878 में तोक्यो के सुइदोमाचि में हुआ। पिता ताकेशी और माँ युकिको के ये ज्येष्ठ पुत्र थे। गाकुगूइन स्कूल में शिक्षा प्राप्त कर ये साप्पोरो (उत्तरी जापान, हौकैदो का प्रमुख शहर) में चले गए। वहाँ उचिमुरा कानजो के संपर्क में आने से ईसाई धर्म की ओर झुके। सन् 1903 में अमेरिका पढ़ने गए। इसी वक्त इन्होंने वाइटमैन एवं टाल्सटॉय की रचनाएँ पढ़ डालीं। यहीं से इनके ऊपर समाजवाद का गहरा असर पड़ा। सन् 1910 में '*शिराकाबा*' पत्रिका में हिस्सा लिया। सन् 1916 में जब पिता और पत्नी की मृत्यु हुई तो पूरा समय इन्होंने साहित्य की सेवा में लगाया। 1919 में '*आरु ओन्ना*' की रचना के साथ यथार्थवाद का प्रतिनिधि उपन्यास जापानी साहित्य की दुनिया के सम्मुख पेश किया। जिन्दगी के आखिरी दिनों में इनके ऊपर रूसी क्रांति और सामाजिक आंदोलन का इतना गहरा प्रभाव पड़ा कि पिता से मिली संपत्ति से इनको आत्मग्लानि होने लगी। सन् 1923 में इन्होंने आत्महत्या कर ली।

आरु ओन्ना में एक औरत सामंतवादी विचारधारा का विरोध करते हुए आजाद जिंदगी जीने की कामना करती है। यह उपन्यास यथार्थवादी साहित्य का एक विशिष्ट उदाहरण है। प्रगतिशील शिक्षा-प्राप्त सात्सुकी योको चीन-जापान युद्ध के बाद एक आजाद जिंदगी जीने की तमाम कोशिशें करती है। किन्तु अंत में शारीरिक एवं मानसिक स्तर पर टूट जाती है। '*चीसाकी मोनो ए*' में पत्नी के मरने के बाद बच्चों के साथ बीती जिंदगी की कष्टदायक झलकियाँ, यादें, माँ के अभाव में बच्चों की मन:स्थिति और भावनाओं का हृदय-स्पर्शी चित्रण है।

इनकी मुख्य रचनाओं पर एक नज़र :

चीसाकी मोनो ए (छोटे बच्चों के लिए, 1918)

उमारे इज़ुरू नायामी (पैदाइशी दर्द, 1918)

आरु औन्ना (एक औरत, 1919) और
हितो फुसा नो बुदो (अंगूर का एक गुच्छा, 1919)

मुशानोकोजी सानेआत्सु

(1885-1976)

अपने आदर्शों को पाठकों तक मात्र साहित्य के द्वारा पहुँचाना ही काफी नहीं होता, बल्कि उनको अपने जीवन में ढालने का प्रयास लगातार करते रहना एक साहित्यकार की नैतिक जिम्मेदारी बन जाती है, ऐसा मुशानोकोजी सानेआत्सु मानते थे। इसी उद्देश्य के तहत इन्होंने 1918 में '*आताराशिकी मुरा*' (नया गाँव) नामक साहित्यिक संस्था की नींव डाली। इस संस्था के अन्तर्गत जहाँ 'नया साहित्य कैसे लिखा जाए', विषय पर चर्चा होती थी, वहीं लेखक की सामाजिक जिम्मेदारी तय करने पर भी हर महीने विचार-विमर्श किया जाता था।

मुशानोकोजी सानेआत्सु का जन्म 1885 में तोक्यो के मोतोजोनो शहर में हुआ। उनके पिता का नाम मुशानोकोजी सानेयो तथा माँ का नाम नारुको था। वे अपने माता-पिता की अन्तिम आठवीं संतान थे। इन्होंने बच्चों के लिए तो लिखा ही, उससे भी ज्यादा बड़ों के लिए लिखा। उपन्यास ही नहीं, जीवन-समीक्षा और कला-समीक्षा आदि भी खूब लिखा।

अटल आदर्शवादी होने के नाते इनके समर्थकों की एक बड़ी तादाद थी। इनकी रचनाएँ काफी लोकप्रिय हुईं। एक चित्रकार के रूप में भी इन्होंने अपनी गहरी छाप छोड़ी। '*आरु चोकोकुका*' (एक नक्काश) सन् 1946 की रचना कला से ही सम्बन्ध रखती है।

प्रबुद्धवादी विचारधारा

साहित्यक पत्रिका शिनशिचो के चौथे संस्करण के साथ प्रबुद्धवादी विचारधारा से सहमत साहित्यकार सामने आए। प्रथम महायुद्ध के बाद समाज में उत्पन्न असमानताएँ एवं वास्तविकता में *शिराकाबा* के साहित्यकारों ने सुन्दरता एवं आदर्श को ढूँढना चाहा; किन्तु उसके बाद जरुरत पड़ी समाज में व्याप्त अँधेरेपन एवं मनुष्य की विकृतियों पर गौर करने की और उन पर अपनी बुद्धि एवं कौशल से विश्लेषण करने की। ऐसी विचारधारा के लेखक 'नव यथार्थवादी लेखक' के नाम से भी पुकारे जाने लगे। इस विचारधारा के अन्तर्गत मुख्य साहित्यकार आकुतागावा र्‌यूनोसुके, किकुची हिरोशी, यामायोतो यूजो एवं सातो हारुओ हैं।

आकुतागावा र्‌यूनोसुके

(1892-1927)

र्‌यूनोसुके आकुतागावा नीईहारा तोशिजो दम्पती के बड़े पुत्र के रूप में 1892 में तोक्यो में पैदा हुए। पैदा होने के तुरन्त बाद ही इनकी माँ मानसिक रोग से ग्रसित हो गईं। फलस्वरूप मामा आकुतागावा ने इन्हें गोद ले लिया। इनका लालन-पालन अविवाहित मौसी ने बड़े लाड़-प्यार से किया। माँ की मानसिक स्थिति, उपमाता-पिता का होना तथा मौसी द्वारा पालन-पोषण इनके लिए आजीवन उत्पीड़न के कारण रहे। इन सबका इनकी ज़िन्दगी पर गहरा असर रहा।

बीसवीं सदी के शुरू में इच्छा के अनुरूप अपनी प्रेमिका से पारिवारिक, विशेष कर मौसी के विरोध की वजह से इनका विवाह संभव न हो सका। स्वजनों के स्नेह में छिपी स्वार्थ की भावना से इनके हृदय को गहरी ठेस पहुँची। ठीक इसी वक्त इन्होंने '*राशोमोन*' (1915) तथा

'*हाना*' की रचना की।

यद्यपि '*राशोमोन*' जापान की प्राचीन कहानी-संग्रह (*कोनजाकू मोनोगातारी*) की एक रचना पर आधारित है, लेकिन आकुतागावा ने इसे एक नए रूप से परिसज्जित किया है। सेवक की परिवर्तित मन:स्थिति तथा बूढ़ी औरत के तर्क में छिपी इन्सानी स्वार्थपरायणता का जीवंत चित्रण आकुतागावा की तत्कालीन मानसिक उद्वेग का प्रतिबिम्ब-सा प्रतीत होता है। मानवीय स्वार्थ के ऐसे घिनौने चेहरे तथा निराशा को उनकी बाल-रचना '*कुमो नो इतो*' (1918) बखूबी बेनकाब करती है। हालाँकि इससे काफी मिलता-जुलता प्रसंग रूसी साहित्यकार दोस्तोवोस्की के उपन्यास '*कारामाज़ोफ़ नो क्योदाई*' के सातवें अध्याय '*इप्पोन नो नेगी*' में भी देखने को मिलता है, लेकिन र्‌यूनोसुके आकुतागावा की यह कहानी पॉल कारस की '*कारूमा*' के जापानी अनुवाद '*इनगा नो ओगुरूमा*' (1894) पर आधारित है। ऐसा प्रतीत होता है कि आकुतागावा ने अपनी रचनाओं में सिर्फ मनुष्य की कमज़ोरियों तथा उसके बदसूरत पहलुओं को ही अधिक उभारा है, लेकिन अगर गहन अध्ययन किया जाए तो यह बात ग़लत साबित होती है।

उनकी रचनाओं में सतत एक ऐसे कोमल हृदय की तलाश है जो निजी स्वार्थ की संकीर्ण विचारधारा से मुक्त, दूर-दूर तक लोगों के बीच स्नेह और सहिष्णुता की भावना बाँट सके। वे कामना करते हैं कि ऐसा ही निर्मल हृदय हर मनुष्य के अन्दर विद्यमान हो। '*मिकान*' (1919), '*तोशिशुन*' (1920), '*शिरो*' (1923) आदि में र्‌यूनोसुके आकुतागावा का सद्‌गुण की साधना तथा मनुष्य की सुन्दर भावनाओं में दृढ़ विश्वास नज़र आता है । जहाँ '*मिकान*' में हृदय को भाव-विभोर करने वाले दृश्य का सजीव चित्रण इनके व्यक्तिगत अनुभव पर आधारित है, वहीं '*तोशिशुन*' चीन की दन्तकथा '*तोशिशुनदेन*' से प्रेरित है। आकुतागावा के '*तोशिशुन*' में मायावी साधु द्वारा ली गई परीक्षा के अन्त में तोशिशुन का '*माँ*' कहकर चिल्ला पड़ना तथा जादू के प्रभाव से बाहर आने के पश्चात मायावी साधु से उसकी बातचीत के प्रसंग पर अगर ग़ौर किया जाए तो आकुतागावा का इनसान के प्रति गहरा विश्वास स्पष्ट रूप से दृष्टिगोचर होता है। मूल चीनी '*तोशिशुनदेन*' में तोशिशुन पूरी परीक्षा के

दौरान चुपचाप पीड़ा सहते हुए अपनी जान गँवा बैठता है और एक औरत के रूप में पुनर्जन्म लेता है। जब यह औरत अपने बच्चे के प्रति हो रहे अत्याचार को बर्दाश्त नहीं कर पाती तब निर्देशों की अवहेलना कर बोल पड़ती है। आकुतागावा द्वारा इस परिवर्तन के पीछे उनका अपनी माँ के प्रति स्नेह की भावना उभरकर सामने आती है।

संक्षेप में, आकुतागावा के साहित्य में मनुष्य की कमज़ोरियों तथा घिनौनेपन से परे एक उज्ज्वल जीवन की प्रबल इच्छा का विषय मुख्य रूप से उभरकर आता है, हालाँकि उनकी रचनाएँ अँधेरेपन से अभिभूत प्रतीत होती हैं। अपनी तीक्ष्ण एवं गहन ज्ञान की वजह से वे वास्तविकता का सही मूल्यांकन कर रचनाओं का पुनःनिर्माण करने में सफल रहे हैं। इनकी यह शैली तत्कालीन जापानी साहित्य (*बुनदान*) में व्याप्त आत्मकथात्मक (*वाताकुशि शोशेत्सु*) शैली से बिल्कुल अलग थी। इन्होंने '*गेसाकूज़ानमाई*', '*जिगोकुहेन*', एवं '*होक्योनिन नो शी*' जैसी नामी रचनाओं का भी सृजन किया, जिनका सम्बन्ध कला की दुनिया से है। विशिष्ट शैली तथा विभिन्न सामाजिक पहलुओं का प्रभावशाली चित्रण करने वाले कथाकार आकुतागावा, ताइशो काल (1912-1926) के प्रतिनिधि लेखक के रूप में सामने आए। परन्तु ताइशो काल के अन्तिम वर्षों में लगातार बीमारी, प्रतिकूल सामाजिक गतिविधियाँ, सर्वहारा साहित्यिक आन्दोलन से मतभेद तथा 'अनजाने अकेलेपन' से ऐसे घिरे कि 1927 में इन्होंने आत्महत्या कर ली। अपनी जिंदगी के अन्तिम दिनों में इन्होंने शारीरिक व्याधि तथा स्नायु सम्बन्धी विषयों पर '*शिनकिरो*' तथा जापानी समाज का यथार्थवादी चित्रण '*काप्पा*' और '*हाशा*' में प्रभावशाली ढंग से किया है। '*आरु आहो नो इश्सो*' में जीवन की आत्मनिंदा तथा शिफुकुओनशो द्वारा प्रकाशित '*साइहो नो हितो*' में इसाई धर्म के प्रति अपने विचार प्रकट किए हैं।

र्‌योनोसुके आकुतागावा की मौत सिर्फ एक साहित्यिक विद्वान की ही मौत नहीं थी, बल्कि ताइशो काल के तमाम बुद्धिजीवियों के अँधकारमय भविष्य की ओर संकेत भी था। आकुतागावा की मौत के साथ ही ताइशो साहित्य का भी अवसान हुआ और एक नए काल की शुरुआत। आकुतागावा की गंभीर शैली तथा इनकी समस्त कृतियाँ आज

के जापानी युवाओं को बहुत पसन्द हैं और वे निरंतर पढ़ी जाती हैं।[1]

ताइशो साहित्य जापान की बदलती सामाजिक, सांस्कृतिक और आर्थिक परिवेश की जटिलताओं को सम्बोधित करता है। इस दौरान प्रजातांत्रिक अधिकारों का संघर्ष औद्योगीकरण और आर्थिक विकास से पैदा हुई सामाजिक विषमताएँ और विसंगतियों के चित्रण के अलावा साहित्यकारों ने कथां-साहित्य को जहाँ प्रकृतिवाद और यथार्थवाद के संकुचित परिकल्पना से मुक्ति दिलाई, वहीं वे नई सामाजिक सिद्धान्तों और उनकी परिकल्पना से वंचित नहीं रहे। नए प्रयोग के साथ जापानी साहित्य नए आयाम कायम करता अग्रसर होता जाता है। कई महत्वपूर्ण साहित्यकार, जैसे यासुनारी कावाबाता का जिक्र अगले अध्याय में किया गया है, वे अपनी सृजनात्मक पहचान ताइशो काल में ही स्थापित करते हैं। तानीज़ाकी का विस्तृत रचनाकाल शोवा तक जाता है। लेकिन प्रजातांत्रिक मूल्यों और पूँजीपति व्यवस्था में जन्मी सामाजिक और आर्थिक विषमताएँ रचनाकारों का ध्यान अपनी ओर आकृष्ट करने लगती हैं। साम्यवादी साहित्य का श्रीगणेश भी ताइशो काल में ही हो जाता है जबकि वह अलग-अलग किस्तों में परिपक्वता के नए चरण स्थापित करता है।

---

1. परिचय, राशोमोन एवं अन्य कहानियाँ, र्‌यूनोसुके आकुतागावा, राजकमल प्रकाशन, नई दिल्ली, 1998

अध्याय : तीन

युद्धपूर्व शोवा साहित्य

शोवा काल (1926-1989) को दो हिस्सों में बाँटा जा सकता है। पहला, द्वितीय महायुद्ध के पहले का काल (1926-1945) और दूसरा, महायुद्ध के बाद का काल (1946-1989)। सैन्यवादी मतों के बीच शोवा काल की शुरुआत होती है। निरंकुश शासन और दमन का माहौल, प्राकृतिक विपदाओं आदि से समाज में आतंक की स्थिति पैदा होने लगती है।

शोवा के पूर्वार्द्ध बीस वर्षों को हम युद्धपूर्व शोवा काल (1926-1945) कहेंगे। इस दौरान विशेष रूप से चार साहित्यिक अवधारणाएँ प्रस्फुटित होती हैं:

(1) सर्वहारा साहित्य (*पुरोरेतारिया बुनगाकु*)
(2) नव संवेदनशील साहित्य (*शिनकान काकुहा*)
(3) मत परिवर्तन साहित्य (*तेन्को बुनगाकु*) और
(4) युद्धकालीन साहित्य (*सेन्जीका नो बुनगाकु*)

सर्वहारा साहित्य

शोवा काल के शुरू होने से कुछ पहले ही सर्वहारा साहित्य की नींव पड़ चुकी थी। देश को आर्थिक रूप से समृद्ध और सैनिक दृष्टि से सशक्त बनाने में ताइशो काल की आर्थिक और सामाजिक व्यवस्था

चरमराने लगी। 1918 का चावल विद्रोह और 1923 के कान्तो भूकंप से स्थिति और बिगड़ी, जिससे देश में सामाजिक विद्रोह और मजदूर आंदोलन तेजी से भड़के। इस तरह की स्थिति ने दो प्रकार के साहित्य को जन्म दिया–'क्रांति का साहित्य' और 'साहित्य की क्रांति'। साथ ही ताइशो काल के आखिरी समय में अनिवार्य शिक्षा पद्धति एवं प्रकाशन की तकनीक का आधुनिकीकरण होने से जन साहित्य भी उपजा।

जन साहित्य में नाकाजातो काइजान (1885–1944) की '*दाइबोसात्सु तोगे*' (1913–1925), शिरा इक्योजी (1889–1980) की '*फुजीसान नी तात्सुकागे*' (1924–1927), ओसारागी जिरो (1897–1973) की '*कुरामातेन्गु*' (1924–1945) रचनाएँ प्रमुख हैं।

सर्वहारा साहित्य की शुरुआत 1921 में '*ताने माकु हितो*' (बौछार) पत्रिका के छपने से हुई। उसके बाद 'क्रांति का साहित्य' के तहत '*बुन्गेइसेनसेन*' (साहित्यिक मोर्चा, 1924–1932) नामक पत्रिका छपी। इस आन्दोलन में शामिल लेखक वामपंथी विचारों से प्रभावित थे। इनमें कोबायाशी ताकीजी (1903–1933), मियामोतो युरिको (1899–1951), नाकानो शिगेहारू (1902–1979), हीराबायाशी ताइको (1905–1972), साता इनेको (1904–89), त्सुबाइ साकाए (1900–1967) एवं तोकुनागा सुनाओ (1899–1958) के नाम मुख्य रूप से लिए जाते हैं।

1910 में वामपंथी कोतोकु सुसुई और कुछ अन्य व्यक्तियों को जब मेइजी सम्राट के कथित हत्या के प्रयासों के लिए सज़ा दी गईं तब जनमानस को यह साफ पता चल गया कि सरकार साम्यवादी विचारों के प्रति सहनशील नहीं है। फलस्वरूप 1919 तक वामपंथी आन्दोलन उभर न सका। 1920 में जापान सोशलिस्ट लीग की स्थापना ने सर्वहारा साहित्य के लिए रास्ता बनाया। हालाँकि सरकार ने 1921 में लीग पर प्रतिबंध लगा दिया लेकिन तब तक 'बौछार' का प्रथम अंक बँट चुका था। इस पत्रिका के सम्पादक ने एक लम्बी अवधि तक फ्रांस में पढ़ाई की थी और रूसी क्रांति से जुड़े फ्रांसीसी बद्धिजीवियों के साथ लगातार सम्पर्क में थे। पत्रिका के अधिकतर आलेख राजनीतिक थे। 1921 में 'बौछार' का प्रकाशन आकिता के एक छोटे शहर से तोक्यो स्थानान्तरित कर दिया गया। यहाँ से इसकी बिक्री काफी होने लगी। कांतो भूकम्प

के पश्चात् सरकारी दमनचक्र इतना बढ़ गया कि इस पत्रिका का प्रकाशन लगभग मुश्किल हो गया। 1924 में 'बौछार' से सम्बन्धित व्यक्तियों ने 'साहित्यिक मोर्चा' (*बुंगेइ सेनसेन*) नाम से एक नई पत्रिका के प्रकाशन की शुरुआत की। 'बौछार' ने राजनीतिक मत के लेखकों से सहयोग की अपेक्षा की। आओनो सुएकिची जैसे आलोचकों के मार्क्सवादी विचारों तथा लेनिन की पुस्तक 'व्हाट इज़ टू बी डन' (करना क्या है) के विचारों पर बहस शुरू हुई।

आओनो के अनुसार साहित्य का विश्लेषण दो तरीकों से संभव है–एक, आन्तरिक और दूसरी, बाह्य। अब तक का जापानी साहित्य आलोचना महज आन्तरिक पैमानों पर आधारित था, जैसे शिल्पकारिता आदि। आओनो ने मार्क्सवादी मत के बुनियाद पर ज़ोर देते हुए रचना के सामाजिक स्वरूप का विश्लेषण करने की राय दी। साथ में उन्होंने रचना के राजनीतिक पक्ष पर विशेष ध्यान देने की बात भी कही। नाकानो शिगेहारू और अन्य बुद्धिजीवियों ने स्तरीय साहित्यिक के पक्ष में अपना मत देते हुए यह आशा व्यक्त की कि सर्वहारा साहित्य आंदोलन के ज़रिए ठोस साम्यवादी विचार उभरेगा जो महज़ साहित्य की उत्कृष्टता पर आधारित न होकर समग्र विचार की विशिष्टता पर आधारित होगा।

कोबायाशी ताकीजी

(1903-1933)

कोबायाशी ताकीजी सर्वहारा साहित्य आंदोलन में एक विशेष स्थान रखते हैं। ये आकिता प्रांत में जन्मे और ओतारू में पढ़े-लिखे। ओतारू वाणिज्य स्कूल में शिक्षा ग्रहण करने के दौरान ये शिगा नाओया एवं रूस के साहित्यकारों से काफी प्रभावित हुए। 1922 में स्नातक के बाद आप आगे पढ़ाई करने के उद्देश्य से तोक्यो गए; किन्तु तोक्यो विश्वविद्यालय में नामांकन न होने की वजह से होक्काइदो वापस लौट आए और

बैंक में नौकरी करने लगे खाली समय में लिखने का काम जारी रखा। 1927 से सर्वहारा साहित्य आंदोलन से जुड़ने लगे। इसी दौरान इन्होंने बुन्गेइ सेनसेन में सर्वहारा वर्ग से संबंधित अनेक निबंध एवं कहानियाँ छपवाईं।

मार्च 1928 में सरकार ने कोबायाशी और अन्य लोगों को जेल में डाला। अपना यह अनुभव इन्होंने एक कहानी '*सेनकि*' (मोर्चा ध्वज) नामक पत्रिका में '*मार्च 15, 1928*' शीर्षक से छापा, जिसमें आंदोलन एवं आंदोलनकर्ताओं का पूरा ब्यौरा लिखा। 1929 में '*कानी कोसेन*' (दी फेक्ट्रीशिप) के छपने से कोबायाशी ने सर्वहारा साहित्य आंदोलन में अपनी ठोस उपस्थिति दर्ज़ की। '*कानी कोसेन*' मछुवारे-मजदूरों के ऊपर साम्राज्यवादी नौसेना के जुल्म के प्रति मजदूरों की हड़ताल और पराजय का एक जीवन्त ब्यौरा है। यह लघु उपन्यास 1929 के 'मोर्चा-ध्वज' के मई-जून अंक में छपा। सन् 1933 में '*तोसेइकात्सुशा*' (पार्टी सदस्य की जिन्दगी) छपी जो कोबायाशी के खुद अपने अनुभव हैं। इसी साल नियमों का उल्लघंन करने के जुर्म में ये जेल गए और पुलिस की यातनाओं का शिकार हो प्राण खो बैठे।

सर्वहारा साहित्य की अन्य प्रमुख रचनाएँ '*सेमेन्टो दारू नो नाका नो तेगामी*' एवं '*उमी नी इकुरू हितो बितो*', हैं, जो 1926 में हायामा योशिकी (1894-1945) द्वारा लिखी गई हैं।

'*सेमेन्टो दारू नो नाका नो तेगामी*' (सीमेन्ट के पीपे के अन्दर का पत्र) में एक प्रेमी सीमेन्ट चूरने की मशीन में गिर जाता है और अंततः सीमेन्ट के साथ चूरा-चूरा हो इधर-उधर बिखेर दिया जाता है। एक श्रमिक महिला के पत्र द्वारा इस त्रासदी का बयान है। इसमें महिला श्रमिकों की पीड़ा एवं मजदूरों की दुर्दशा का बखूबी चित्रण किया गया है।

दूसरा लघु उपन्यास '*उमी नी इकुरू हितो-बितो*' (समुद्र में रहने वाले लोग), नाव में काम करने वाले श्रमिकों की दुर्दशा पर आधारित है। 1914 की पृष्ठभूमि में लिखे गये इस उपन्यास का पात्र कैप्टन फुजिवारा श्रमिकों के रहन-सहन, कार्य-स्थल एवं उनकी जिन्दगी की समस्याओं को सुलझाना तो दूर, केवल अपने ठाट-बाट की सोचता है।

तोकुनागा सुनाओ

(1899-1958)

तोकुनागा सुनाओ ऐसे पहले लेखक हैं जो स्वयं एक श्रमिक थे। तोकुनागा सुनाओ बारह साल की उम्र से ही छपाई–कारखाने में काम करने लगे थे। बचपन से छपाई–कारखाने के श्रमिकों की जिन्दगी एवं हालत को इन्हें नजदीक से देखने का मौका मिला। '*ताइयो नो नाइ माचि*' (अँधेरी गलियाँ, 1929) में इन्होंने अपने कड़ुए अनुभव एवं अन्य श्रमिकों की दुर्दशा बयान की है। 1926 में क्योदो प्रेस के श्रमिकों ने हड़ताल की तो तीन हजार लोगों को नौकरी से बाहर निकाला गया था जिसमें तोकुनागा भी शामिल थे। नौकरी से निकाल दिए जाने के बाद तोकुनागा ने साहित्यिक जीवन प्रारंभ किया और 1929 में जापान सर्वहारा लेखक लीग के सदस्य बने। जीवन के आखिरी दिनों में ये आत्मकथात्मक उपन्यास लिखने लगे। युद्ध के उपरांत इन्होंने '*शिन निहोन बुनगाकुकाइ*' (जापान की नई साहित्यिक संस्था) में भी जमकर हिस्सा लिया।

कुरोशिमा देन्जि

(1898-1943)

देन्जि ने ग्रामवासियों की सहज भावनाओं को अपने साहित्य का विषयवस्तु बनाया और '*बुनगेइ सेनसेन*' पत्रिका के प्रकाशन में सहयोग दिया। इनकी मुख्य रचनाएँ '*उजुमाकेरू कारासु नो मुरे*' (घुमड़ते कौओं का झुण्ड, 1929) है, जिसमें साइबेरिया की पृष्ठभूमि में युद्ध एवं इन्सानियत का सम्बन्ध ढूँढने की कोशिश है।

सर्वहारा साहित्य आंदोलन सन् 1930 में अपने चरम पर था और 1933 में कोबायाशी

की मृत्यु के साथ विखण्डित हो गया। परन्तु कम्युनिस्ट और जनवादी साहित्य के रूप में 1945 के बाद साहित्य जगत में पुनः अपना स्थान बनाया।

नव संवेदनशील साहित्य

'क्रांति के साहित्य' की जगह ली 'साहित्य की क्रांति' ने, जिसमें योकोमित्सु रिइचि और कावाबाता यासुनारी मुख्य हैं। 1924 में '*बुन्गेइ जिदाइ*' नामक पत्रिका छपने के साथ ही इस नए साहित्य की नींव पड़ी। यह साहित्यिक दल '*शिनकान काकुहा*' (नव संवेदनशील दल) से भी जाना जाने लगा। इसके अंतर्गत फिर दो दल उभरकर आए - (अ) *शिनको गेइजुत्सुहा* (नवोदित साहित्य समाज), (ब) *शिन शिनरीशुगी* (नव मनोवैज्ञानिक साहित्य समाज)।

शिनको गेइजुत्सुहा (नवोदित साहित्य समाज)

1930 में र्‌यूतान जियू (1901-92), नाकामुरा मुराओ (1886-1949) एवं अन्य नवोदित साहित्यकारों ने मिलकर '*शिनको गेइजुत्सु हा*' (नवोदित साहित्य समाज) की स्थापना की। शुरू में जो लोग इस समूह में शामिल हुए उनमें साहित्य के स्वरूप को लेकर स्पष्टता कम थी। वे विलासी जिन्दगी और कामुकता से सम्बन्धित साहित्य लिखने लगे। किन्तु इसी दल से कुछ प्रतिभाशाली साहित्यकार भी उभरे जिन्होंने विनोदशील एवं करूणरस साहित्य के साथ-साथ आम लोगों की जिन्दगी से सम्बन्धित वयस्क साहित्य तो लिखा ही, युद्ध से सम्बन्धित गंभीर साहित्य भी लिखे। इबुसे मासुजी (1898-1993), हायाशी फुमिको (1903-51) एवं काजीइ मोतोजिरो (1901-32) का नाम इस संदर्भ में प्रमुख हैं।

जहाँ '*कुराइ आमे*' (काली बारिश, 1965–66) नामक उपन्यास में इबुसे ने युद्ध की वीभत्सता एवं आक्रोश का वर्णन किया है, वहीं मोतोजिरो ने 'रेमोन' (नींबू, 1925) में यौवन की छटपटाहट और बेचैनी को बखूबी दर्शाया है। इबुसे की रचनाओं का जिक्र युद्धोत्तर साहित्य के अन्तर्गत अगले अध्याय में विस्तार से किया गया है।

शिन शिनरी शुगी (नव मनोवैज्ञानिक साहित्य)

इस दल के प्रमुख साहित्यकार होरी तात्सुओ (1904–1953) एवं इतो सेइ (1905–69) हैं। आकुतागावा र्‌यूनोसुके की मृत्यु और कान्तो भूकम्प में माँ की मृत्यु ने होरी तात्सुओ को झकझोर दिया और ये यक्ष्मा के शिकार हो गए। '*सेइकाजोकु*', (1930) में स्वयं को और आकुतागावा को मॉडल बनाकर इन्होंने एक रूमानी उपन्यास लिखा। '*काजेताचिनू*' (1938) में मंगेतर की मृत्यु से उसकी यादों में खोया एक नायक का चित्रण है। '*नाओको*' (1941) में जवान नायिका नाओको जिन्दगी से निराश हो, शादी न करने का फैसला कर लेती है; किन्तु जब उसकी मुलाकात एक साफ दिल व्यक्ति से होती है तो वह उससे शादी करके इतनी खुशहाल जिन्दगी जीती है, जिसकी उसने कल्पना भी नहीं की थी। यह उपन्यास इस बात का प्रमाण है कि युद्ध के दौरान विशुद्ध साहित्य की रचना की गई।

इतो सेइ की 'नव मनौवैज्ञानिक साहित्य' नामक आलोचना सन् 1932 में छपी जो आत्मकथात्मक उपन्यास लिखने की शैली का विरोध करती है।

जहाँ योकोमित्सु का आधुनिक साहित्य फ्लावर्ट और मोरान्ड के साहित्यिक शैली से प्रभावित था, वहीं इतो ने साहित्यिक विशारद का दर्ज़ा जेम्स जोयस और डी.एच. लॉरेंस के अनुवादों के ज़रिए हासिल किया। इतो ने अपनी रचनाओं में संज्ञान के प्रवाह और अन्तर्मुखी संवाद की पद्धति को अपनाया ज़रूर, लेकिन इनकी लोकप्रियता का श्रेय कुछ हद तक आत्मकथात्म परम्परा में लिखी इनकी कुछ रचनाओं को भी

जाता है।

इनका जन्म होक्काइदो में हुआ और अपने जीवन के आरम्भिक बीस साल इन्होंने ओतारु शहर में बिताया। स्कूल की पढ़ाई के दौरान इनका परिचय कोबायाशी ताकीजी से हुआ, जब दोनों एक ही विद्यालय के छात्र थे। बचपन से ही कविताएँ लिखने में इनकी रुचि रही। 1927 में इतो तोक्यो आ गए जहाँ पुराने मित्रों के सहयोग से इन्होंने 'साहित्यिक समीक्षा' नामक पत्रिका का सम्पादन 1929 में शुरू किया। इनका पहला पद्य-संग्रह '*युकिआकिरी नो मिची*' (बर्फ की रोशनी में राह, 1926) प्रकाशित हुई। साहित्यिक जगत में इनकी पहचान बनी 1930 में, जब इनकी पहली कथा-रचना '*काजो साइवो नो दाम्मेन*' (संवेदनशील कोशिका का अनुप्रस्थ काट) की समीक्षा कावाबाता यासुनारी ने लिखी।

'शिनकान काकुहा' के कावाबाता यासुनारी ने 'सुन्दर जापान' को नई संवेदनाओं, नई अनुभूतियों के साथ अपनी रचनाओं में चित्रित किया।

कावाबाता यासुनारी

(1899-1972)

जापान के लिए पहली बार साहित्य के क्षेत्र में अपनी उपलब्धियों के लिए नोबेल पुरस्कार से सम्मानित यासुनारी कावाबाता का जन्म सन् 1899 में जापान के ओसाका शहर में हुआ। जन्म के दो वर्ष के भीतर ही इनके माता-पिता का स्वर्गवास हो गया। कुछ समय बाद दादी और बहन भी चल बसीं। जब ये चौदह वर्ष के थे तो दादाजी का भी स्वर्गवास हो गया। इसीलिए कावाबाता अपने-आपको 'बिना घर-परिवार' का भी कहा करते थे। 1917 में उच्च शिक्षा के लिए ओसाका छोड़ आप तोक्यो आ गए। छोटी उम्र से ही कावाबाता एक चित्रकार बनने की तमन्ना रखते थे, लेकिन धीरे-धीरे आपकी रुचि साहित्य के प्रति बढ़ती गई। शायद इसीलिए आपकी

कहानियों और उपन्यासों में अक्सर आपके अन्दर का छिपा चित्रकार बार-बार उभर आता है। तोक्यो इम्पीरियल विश्वविद्यालय में अध्ययन के दौरान ही अपनी लघु कहानियों के माध्यम से जापानी साहित्य की दुनिया को आप अपना परिचय दे चुके थे। आप मनुष्य, समाज एवं प्रकृति के सद्भावपूर्ण सम्बन्ध की जापानी साहित्यिक परंपरा के आधुनिक प्रवर्तक माने जाते हैं। 1968 में जब आपको नोबेल पुरस्कार से नवाजा गया तो आपने कहा, ''बर्फ़, चंद्रमा, मंजरी-शब्द जो बदलते मौसम की अभिव्यक्तियाँ हैं, जापानी परंपरा में पहाड़, नदियों एवं फूल-पत्तियों के सौंदर्य के साथ-साथ मनुष्य की असंख्य संवेदनाओं के भी द्योतक हैं।'' आपकी अनगिनत रचनाएँ जहाँ प्रकृति के विशुद्ध सौंदर्य का दर्शन कराती हैं, वहीं मानवीय सम्बन्धों, प्रवृतियों और भावनाओं से पाठकों का परिचय भी।

कावाबाता की अधिकतर रचनाओं में प्रकृति के विशुद्ध आलोक की तलाश लगातार देखने को मिलती है और इस दिशा में इनकी कोशिश प्राय: स्त्री पात्र के रूप में भावनाओं के नए आयाम स्थापित करती है।

सन् 1918 की शरद में आप पहली बार इज़ू प्रांत की यात्रा को निकले। वहाँ एक नाटक मंडली के संपर्क में आए। इस नाटक मंडली से आप इतने प्रभावित हुए कि लगातार दस साल तक इज़ू युगेशिमा जाते रहे। 1926 में आपका पहला उपन्यास '*इजु नर्तकी*' (इजु नो ओदोरिको) प्रकाशित हुआ, जो इज़ू यात्रा के अनुभवों पर ही आधारित है। आपकी प्रमुख रचनाओं में '*युकी गुनी*' (बर्फ का देश, 1937), '*यामा नो ओतो*' (पर्वत की आवाज, 1954), '*नेमुरेरू बिजो*' (सोती सुंदरियां, 1969) एवं '*सेन बा जुरू*' (हजार सारस, 1952) हैं।

शोवा काल (1926-89) के अग्रणी साहित्यकार कावाबाता के उपन्यास, छोटी-बड़ी कहानियों और निबंधों को जहाँ समकालीन जापान के हर वर्ग ने पढ़ा और सराहा, वहीं आपकी सैकड़ों अति-लघु 'हथेली भर कहानियाँ' ने पाठकों की कल्पना को बार-बार झकझोरा।

'हथेली भर कहानियाँ' (*तेनोहिरानो शोशेत्सु*) की सरलता या आकार न तो किसी उपन्यास का अवशेष है और न ही विषय-वस्तु और चिंतन के स्तर पर कमजोर, वरन् इनमें मानवीय मूल्यों और अनुभूतियों का

प्रखर प्रवाह है जिनका गहरा सम्बन्ध मनुष्य की सामान्य प्रवृतियों और संवेदनाओं से है। अगर कहा जाए कि इन कहानियों में जीवन का मर्म है जिसके बहुमुखी स्वरूप को एक साथ एक ही कैनवस पर उतार गागर में सागर उड़ेल दिया है तो गलत नहीं होगा। प्रत्यक्ष रूप से इन कहानियों का कोई प्लॉट नहीं, शुरू या अंत नहीं, बस जीवन की सामान्य अनुभूतियों का एक अविरल प्रवाह है जिनमें न तो कभी तेजी आती है और न ही ये कभी थमती है बस, चलती ही चली जाती है - हर रुकावटों को लाँघती जिन्दगी की तरह। कावाबाता जैसे दक्ष साहित्य-शिल्पी के ही बदौलत यह संभव हो पाता है, जहाँ रचना के लिए किसी विशिष्ट या अनोखी घटना का बीज - स्रोत होना आवश्यक नहीं रहता। 'हथेली-भर कहानियाँ' में जीवन के प्रति आस्था है, उसकी गरिमा के प्रति सम्मान है, जहाँ स्वाभाविक मानुषिक प्रवृतियाँ निष्क्रिय रूप से सामाजिक क्रिया-कलापों के संपादन में व्यस्त हैं - जहाँ ममता है, भक्ति है, त्याग है, प्रेम है, द्वेष है, क्रोध है, लेकिन नायक या खलनायक नहीं। जिन्दगी और मौत के बीच वह हर संभव संघर्ष की तरफ संकेत तो करता है लेकिन उसकी अभिव्यक्ति पाठक स्वयं अपने नजरिए से करे, यही कावाबाता की इन अनोखी रचनाओं की खासियत है। जिन सामान्य भावनाओं को मनुष्य व्यक्त तो करता है लेकिन कभी उन्हें महत्व नहीं देता, ऐसी ही अनुभूतियों के फूल कावाबाता ने इन 'हथेली-भर कहानियाँ' में पिरोए हैं जिनकी भीनी-भीनी खुशबू हवा में सदा संचरित रहती है।

कावाबाता की साहित्यिक संवेदनाओं के स्वर ज़्यादातर लघु कहानियों के माध्यम से प्रस्फुटित हुए हैं। उनके उपन्यास भी ऐसी कई कहानियों से ही उपजे हैं। आलोचकों का तो मानना है कि कावाबाता की लघु कहानियाँ जापानी 'हाइकु' और 'तान्का' की तरह ही छोटी लेकिन ठोस, सशक्त और काव्यात्मक हैं।

इनकी प्रमुख रचनाओं पर एक नजर:

इज़ु नो ओदिरी को (इज़ु नर्तकी, 1926)
किन्जू (परिंदा, 1933)
मात्सुगो नो मे (मृत्युकाल के समय की आँखें, 1933)

युकीगुनी (हिम देश, 1937)
सेन्बाजुरू (हजार सारस, 1949)
यामा नो ओतो (पर्वत की आवाज, 1949)
नेमुरेरू बिजो (सोती सुंदरियाँ, 1960)
कोतो, 1961

'इजु नो ओदोरि को' अपने तरीके का पहला उपन्यास है जिसमें हाईस्कूल का नायक 'मैं' अपने अकेलेपन से क्षुब्ध 'स्वयं' को टटोलने के लिए इजु की यात्रा को निकल पड़ता है। वहाँ उसकी मुलाकात नाट्य मंडली में आई 14 वर्षीय नर्तकी से होती है। वह नर्तकी पर मोहित हो नाट्य मंडली के साथ हो लेता है। नर्तकी भी उसे चाहने लगती है। किन्तु वर्गीय समाज में उस वक्त वास्तविक जिन्दगी में नर्तकी और 'मैं' का मिलन असंभव था, इसलिए आखिर में दोनों प्रेमियों को बिछुड़ना पड़ता है।

जहाँ '*इजु नो ओदिरी को*' में एक किशोर-किशोरी के पहले प्यार को चित्रित किया गया है, वहीं '*नेमुरेरू बिजो*'। (सोती सुन्दरियाँ) में एक बूढ़ा व्यक्ति एक जवान स्त्री की सुन्दरता से मोहित हो उसमें अपनी प्रेमिका की छवि ढूँढता है।

योकोमित्सु रिइचि

(1898-1947)

शिनकान काकुहा के दूसरे प्रमुख साहित्यकार योकोमित्सु रिइचि हैं, जिनकी रचनाएँ, आधुनिक जापानी साहित्य को, जो पाश्चात्य साहित्य से वशीभूत था, वापस जापानी संदर्भ में लौटाने की कोशिश करती है।

शोवा काल के शुरू के दस वर्ष को (1926-1935) साहित्यिक पुनर्जागरण (*बुन्गेइ फुक्को*) का दौर बताया जाता है। इस संदर्भ में सबसे पहले '*जुनसुई शोसेत्सु रोन*' (विशुद्ध

उपन्यास बहस, 1935) प्रकाशित किया। इसी वर्ष प्रकाशित '*काजोकु काइगी*' (पारिवारिक गोष्ठी, 1935) का प्रकाशन भी हुआ।

नव संवेदनवादी मत आधुनिकतावाद के अन्तर्गत नए साहित्यिक प्रयोग से सम्बन्ध रखता है। बीसवीं सदी के दूसरे दशक के उत्तरार्द्ध में सर्वहारा साहित्यिक आन्दोलन का बोल-बाला था जिसके कारण साहित्यकारों का एक बड़ा तबका धीरे-धीरे मार्क्सवादी मतों से प्रभावित हो सर्वहारा आन्दोलन का हिस्सा बनता जा रहा था। नव संवेदनवादी मत इस प्रवृति पर अंकुश लगाना चाहता था। इस मत के प्रणेताओं के अनुसार संवेदनवादी मत राजनीतिक विचारधारा के बजाय साहित्यिक सिद्धान्तों के बल पर साहित्य की संरचना का पक्षधर है। योकोमित्सु ने नव संवेदनवादी साहित्य की विशेषताओं को अपने आलेखों द्वारा बताया है। इनके अनुसार वह तथ्य, जो जीवन के प्रवाह में संचरित है, वह विशुद्ध रूप से वस्तुनिष्ठ नहीं बल्कि उसका चित्रण मानवीय संवेदनाओं के बोध के द्वारा ही संभव होता है जो व्यक्तिपरक वस्तुनिष्ठता से सर्वथा भिन्न है। नव संवेदनवादी पद्धति, संवेदनवादी प्रक्रिया से अधिक प्रबल और गतिशील इसलिए है क्योंकि नव संवेदनवाद संवेदन के अनन्त उपादानों का समुचित चित्रण करने में सक्षम है। योकोमित्सु ने अपनी रचनाओं में 'स्वयं' को कभी घुलने-मिलने नहीं दिया जैसा कि 'आत्मकथात्म और कन्फेशनल' शैली के उपन्यासकारों ने किया। नव संवेदनवादी रचनाओं में सर्वथा अन्य पुरूष (थर्ड पर्सन) पद्धति अपनाई गई न कि प्रकृतिवादी उत्तम पुरुष (फर्स्ट पर्सन) की शैली। कहानियों में कथाकार तटस्थ प्रेक्षक के रूप में नज़र आता है।

1936 में योकोमित्सु को एक अखबार कम्पनी के मुख्य पत्रकार के रूप में यूरोप जाने का मौका मिलता है, जहाँ इन्हें जातीय चेतना का ज्ञान होता है। पाश्चात्य संस्कृति के ठीक विपरीत जापान के नैतिक सौन्दर्य के प्रति उनके विश्वास को फिर से बल मिलता है और इससे प्रभावित हो योकोमित्सु '*र्‌योशू*' (1937-46) की रचना करते हैं, जो भौतिक और आध्यात्मिक संस्कृति के बीच के द्वंद्व को उजागर करता है।

योकोमित्सु का जन्म फुकुशिमा प्रांत के हिगाशीयामा में हुआ।

सिविल इंजीनियर पिता के तबादले के कारण काफी इधर-उधर घूमने का मौका मिला, किन्तु प्राइमरी स्कूल के दिनों से ही ये अपने ननिहाल त्सुगे में रहने लगे। इसीलिए इनकी शुरू की कई रचनाओं में त्सुगे गाँव की झलकियाँ देखने को मिलती हैं। 1916 में ये वासेदा विश्वविद्यालय में दाखिला तो ले लेते हैं, परन्तु कक्षा में जाने के बजाय पत्रिकाओं के लिए कहानियाँ व लेख आदि लिखने लगते हैं।

1923 में '*निचिरिन*' (सूर्य) और '*हाए*' (पतंगा) छपने के बाद इनकी पहचान एक मानवतावादी लेखक के रूप होने लगी। सन् 1924 में कावाबता यासुनारी के साथ '*बुन्गेइ जिदाइ*' पत्रिका का पहला अंक निकला, जिसमें छपी इनकी रचना '*आतामा नाराबी नी हारा*' (दिमाग और पेट), जाने-माने साहित्यकारों से बहस आमंत्रित करती है, जिसकी वजह से ये '*शिनकान काकुहा*' के नाम से पुकारे जाने लगते हैं।

चीनी आंदोलन एवं एशिया की राजनीतिक समस्याओं एवं युद्ध के सदर्भ में भारत की राजनीतिक संभावनाओं एवं समस्याओं पर रोशनी डालता 'शांघाई' (1928-31) एक बहुचर्चित उपन्यास है। योकोमित्सु रिइचि की प्रमुख रचनाएँ निम्नलिखित हैं:

निचिरिन (सूर्य, 1923)
हाय (पतंगा, 1923)
आतामा नाराबी नी हारा (दिमाग और पेट, 1924)
हारू वा बाशा नी नोत्ते (बसंत ताँगे के ऊपर, 1926)
शान्हाइ (शांघाई, 1928-31)
किकाइ (मशीन, 1930)
जिकान (समय, 1931)
मोनशो (कुलचिन्ह, 1934)
तोकेइ (घड़ी, 1934) और
र्‌योशू (यात्रा का अकेलापन, 1937-47)।

मत-परिवर्तन का साहित्य (तेन्को बुनगाकु)

सन् 1933 में कोबायाशी ताकीजी की मृत्यु के साथ ही वामपंथी दल से जुड़ा साहित्यिक आन्दोलन अस्त-व्यस्त हो जाता है। उसके साथ ही सानो मानाबु एवं नाबेयामा सादाचिका जैसे बड़े मार्गदर्शक नेताओं ने जो अभी जेल में ही थे, 9 जून, 1933 को वामपंथी विचारधारा त्यागने का ऐलान कर बैठते हैं। उनके साथ अन्य साहित्यकारों ने भी अपना पूरा समय और सोच एक नए साहित्य की परिकल्पना में नियोजित किया जो वामपंथी राजनीतिक मत से विलग हो।

इन लोगों के द्वारा लिखा गया वामपंथी और साम्यवादी विचारधारा त्यागने वाले साहित्यकारों की रचना को *तेन्को बुन्गाकु* के नाम से जाना जाने लगा। शिमाकि केनसाकू (1903-45) का '*सेइकात्सु नो तान्क्यू*' (जिन्दगी की खोज, 1937-38) में नायक हिम्मत हारकर गाँव लौटता है और मजदूरी करके अपना जीवन बसर करता है। ताकामी जुन (1907-65) का '*कोक्यूवासुरेरूबेकी*' (1935-36) एवं नाकानो शिगेहारू का '*मुरा नो इये*' (गांव का घर, 1935) इस साहित्यधारा की प्रमुख रचनाएँ हैं। एक प्रकार से तेन्को साहित्य ने ग्रामीण साहित्य को भी जन्म दिया।

साहित्यिक पुनर्जागरण के तहत सन् 1933 में कोबायाशी हिदेओ (1902-83), कावाबाता यासुनारी, ताकेदा रिन्तारो (1904-46), उनो कोजि (1891-1961) एवं हिरोत्सु काजुओ (1891-1968) आदि साहित्यकारों ने मिलकर हुक्मशाही से साहित्य को बचाने के लिए, 'बुनगाकुकाइ' नामक पत्रिका का प्रकाशन प्रारम्भ किया।

शिमाकी केनसाकू

(1903-1943)

मत परिवर्तन साहित्य के संदर्भ में शिमाकी केनसाकू का नाम सर्वोपरि है। शिमाकी की परवरिश निहायत मुफलिसी में हुई। अनपढ़ माँ की तमाम कोशिशों के बावजूद शिमाकी को चौदह वर्ष की आयु में अपनी पढ़ाई छोड़नी पड़ी। शिमाकी हौक्काइदो से तोक्यो आए और यक्ष्मा से ग्रसित हो गए। बीमारी के दौरान इनका साक्षात्कार मार्क्सवादी साहित्य से हुआ। अट्ठारह वर्ष की उम्र में इन्होंने अपनी पढ़ाई पुन: शुरू की। 1925 में इन्होंने तोहोकू विश्वविद्यालय में दाखिला लिया जहाँ इनका वामपंथी गतिविधियों से सम्बन्ध बढ़ने लगा। 1926 में इन्होंने पढ़ाई छोड़ दी और शिकोकू के एक द्वीप में किसानों की सहकारी संस्था के लिए काम करना प्रारम्भ किया। 1927 में आपने जापान की कम्युनिस्ट पार्टी में दाखिला लिया और कुछ महीने बाद ही कम्युनिस्टों के धड़-पकड़ के दौरान हवालात भेज दिए गए। कारागार में अक्सर बीमार पड़ने के कारण इनका स्वास्थ्य दिन-ब-दिन बिगड़ता गया जिसकी वजह से कारागार के वार्डन ने इन्हें हिदायत दी कि वे सरकार से अपनी गतिविधियों के लिए क्षमा माँगें और वामपंथी मतों को त्यागने का ऐलान करें ताकि सरकार इन्हें मुक्त कर सके। बिगड़ती शारीरिक स्थिति से बाध्य हो शिमाकी ने मत परिवर्तन का ऐलान तो कर दिया लेकिन इन्हें कारागार से मुक्ति नहीं मिली। पाँच वर्ष की सज़ा के पश्चात् इन्हें 1932 में मुक्त किया गया। मत परिवर्तन की घोषणा के बावजूद इनका मन सर्वहारा और वामपंथी इरादों से हटा न था। मत परिवर्तन की घोषणा और रुग्ण शारीरिक स्थिति से मजबूर शिमाकी पुन: ग्रामीण इलाकों में जाकर सहकारी कार्यों से जुड़ना चाहते थे। लेकिन स्वस्थ न होने के कारण यह भी संभव न हो सका।

शिमाकी का इरादा कतई साहित्यिक गतिविधियों से जुड़ने का न था। एक किताब की दुकान में काम करने के दौरान कृषक आन्दोलन का इतिहास लिखने के उद्देश्य से इन्होंने सामग्री इकट्ठा करना शुरू

किया। इसी दौरान एक मित्र के सुझाव पर इन्होंने अपनी पहली रचना '*कुष्ठ*' (राइ, 1934) '*बुन्गाकु ह्योरोन*' (साहित्य आलोचना) पत्रिका में प्रकाशित की। दूसरी कहानी 'मोमोकु' (अंधापन, 1934) '*चूओ कोरोन*' पत्रिका में प्रकाशित हुई। '*मोमोकु*' के छपने के साथ ही शिमाकी की कीर्ति बतौर रचनाकार स्थापित हो गई। ऐसा माना जाता है कि साहित्य से शिमाकी का सम्बन्ध इसलिए स्थापित हुआ क्योंकि जिन्दगी के और रास्ते इनके लिए लगभग बंद थे और पुलिस की इनपर कई पाबन्दियाँ भी थीं। 'बुन्गाकाई' पत्रिका से जुड़ने के साथ इन्होंने यह उम्मीद जताई कि शायद बुन्गाकाई के ज़रिए वह सर्वहारा साहित्य की सेवा कर सकेंगे।

मोमोकु एक ऐसे व्यक्ति की कहानी है जो पुलिस की हर संभव कोशिशों और प्रताड़ना के बावजूद मत.परिवर्तन के लिए तैयार नहीं होता है। 1936 में प्रकाशित इनकी बहुचर्चित कहानी '*दाईइची नो मिची*' (पहले सिद्धांत की राह पर) का नायक जुनकिची पाँच साल के कारावास के बाद जेल से छूटता है।

उसकी माँ गरीबी और भूख से निजात पाने के लिए अपनी बहन के घर रह रही होती है जहाँ उसके साथ नौकरों जैसा दुर्व्यवहार होता है। जुनकिची अपने पुराने राजनीतिक मित्रों से सम्पर्क स्थापित करने की चेष्टा करता है लेकिन सब बेकार। उसकी और माँ की जिन्दगी बहनोई के घर बदतर होती जाती है। दुनिया और परिवार से निरुत्साह जुनकिचि हारता नहीं है। वह अपनी माँ के आँसू पोंछना चाहता है और उम्मीद करता है कि एक दिन वह सामाजिक और राजनीतिक व्यवस्था में ऐसा परिवर्तन लाने में सक्षम होगा ताकि कभी किसी माँ को ज़िल्लत की जिन्दगी बसर न करनी पड़े। इसके लिए उसका राजनीतिक गतिविधियों से जुड़ना आवश्यक था लेकिन माँ को पुनः वह ठेस नहीं पहुँचाना चाहता था।

शिमाकी की लगभग सभी रचनाओं में मत.परिवर्तन, वामपंथी आन्दोलन, कम्युनिस्ट पार्टी की समस्याएँ तथा राजनीतिक पहलुओं का उल्लेख विशेष रूप से देखने को मिलता है। ऐसा प्रतीत होता है कि शिमाकी क्रान्तिकारी वामपंथ के अवशेष की फिक्र किए बगैर समाज

में प्रगतिवादी तत्त्वों का पुनर्नियोजन तथा कृषकों की स्थिति के प्रति अधिक संवेदनशील थे। इनका पहला उपन्यास '*साइकेन*' (पुनर्निमाण, 1937) ग्रामीण सहकारी गतिविधियों में सरकारी हस्तक्षेप और अन्तरिक कलह को विषयवस्तु बनाते हुए कृषकों के आपसी मतभेद पर एक गम्भीर विश्लेषण प्रस्तुत करता है।

शिमाकी का आखिरी उपन्यास '*इशिजुए*' (आधारशिला, 1944) आत्मकथात्मक है। हालाँकि इस उपन्यास के द्वारा एक तरफ तो वह अमरीकी वर्णभेद की गहरी आलोचना करते हैं, वहीं दूसरी ओर जापान की अमरीका से युद्ध का परोक्ष रूप से समर्थन भी करते हैं। यद्यपि फासीवाद का समर्थन उनकी आखिरी रचना में देखने को मिलता है लेकिन जापानी परराष्ट्रीयता और सम्राट के प्रति उनका रवैया नकारात्मक ही रहता है। अगस्त, 1945 को उनका देहावसान हो गया।

ताकामी जुन

(1907-1965)

जापानी साहित्य के इतिहासकारों के अनुसार ताकामी जुन को मत परिवर्तन (तेन्को) साहित्य से नहीं जोड़ा जा सकता फिर भी ताकामी की रचनाओं में ऐसे व्यक्तियों के मानसिक संवेदनाओं का सशक्त चित्रण हैं जिन्होंने अपनी जवानी अपने आदर्शों के हित के लिए कारावास में गँवा दिए। 1935-36 के दौरान छपी इनकी रचना '*कोकू वासुरेउबेकि*' इसी विषयवस्तु पर आधारित है। यद्यपि इन्होंने इस विषय को थोड़े वक्त के लिए त्यागकर लोकप्रिय कथा साहित्य की तरफ अधिक ध्यान देना शुरू किया। 1930 का दशक 'जुन का काल' के रूप में जाना जाता है।

ताकामी का जन्म फूकूइ प्रांत में एक सभ्रांत गवर्नर के नाजायज़ औलाद के रूप में हुआ। जिन्दगी के इस पहलू को ताकामी कभी भूल

नहीं पाए और अपनी रचनाओं में इस विषय का जिक्र वह बारम्बार करते हैं। इनका पालन-पोषण तोक्यो में इनकी माँ ने बड़ी मुसीबतों का सामना करते हुए किया और ताकामी को बेहतरीन शिक्षा दिलाई। 1927 में ताक्यो इम्पीरियल विश्वविद्यालय में अंग्रेजी साहित्य के अध्ययन के उद्‌देश्य से उन्होंने नामांकन कराया जिससे इनकी माँ प्रसन्न नहीं हुई। वामपंथी राजनीति से इनका सम्बन्ध धीरे-धीरे गहरा होता गया और इन्होंने जापानी सर्वहारा लेखक संघ की सदस्यता हासिल की। धातु मजदूर यूनियन के नेता के रूप में इन्होंने राजनीतिक गतिविधियों में शिरकत की और 1933 में इनको गिरफ्तार कर जेल भेज दिया गया, जहाँ पुलिस ने इनको शारीरिक और मानसिक रूप से काफी प्रताड़ित किया। इस संदर्भ का जिक्र इनकी अधूरी रचना '*शिन्नेन*' (गहराइयाँ, 1950) में देखने को मिलता है। तीन महीने बाद जब वे जेल से रिहा हुए तो उन्हें एक जबर्दस्त व्यक्तिगत झटका लगा। इनकी पत्नी जिससे वह बेहद प्यार करते थे उनके जेल से लौटने के पूर्व ही इनका घर छोड़ किसी शादीशुदा व्यक्ति के साथ रहने लगी। इस घटना को अपनी कहानी '*कानशो*' का विषयवस्तु बनाते हुए साहित्यिक सृजन के क्षेत्र में ताकामी ने एक ठोस कदम बढ़ाया। तेन्को घोषणा और पत्नी द्वारा धोखा दिए जाने से ये शराब और कोठों की दुनिया में डूबते गए जिससे साहित्य की ओर इनके लौटने की उम्मीद फ़ीकी पड़ने लगी।

ताकामी के बहुचर्चित उपन्यास '*इका नारू होशि नो मोतो नी*' (1939-1940) की कहानी आसाकुसा क्षेत्र के निम्नवर्गीय मनोरंजन स्थल में स्थित है। युद्ध के दौरान ताकामी को सेना ने बर्मा और चीन भेज दिया। युद्धकालीन आलेखों में इन्होंने खुलकर युद्ध का समर्थन किया और जापान की 'वृहत्त पूर्वी एशिया' परिकल्पना के लिए हर जापानी नागरिक को अपना तन-मन-धन न्यौछावर करने की नसीहत भी दी। यद्यपि युद्धोत्तर काल में ये पुनः वामपंथ की ओर अग्रसर होते दिखते हैं। ताकामी एक सशक्त उपन्यासकार और कथाकार ही नहीं थे बल्कि शोवा साहित्य के विशिष्ट विश्लेषक भी। इनकी 1952 और 1957 में प्रकाशित शोवा साहित्य का इतिहास काफी महत्त्वपूर्ण शोधपरक है। आधुनिक जापानी साहित्य संग्रहालय स्थापित करने के अथक प्रयास के

दौरान इनका देहावसान हो गया।

तेन्को साहित्य से जुड़े अन्य महत्त्वपूर्ण साहित्यकारों में मुरामाया तोमोयोशि, नाकायामा मित्सुओ, हायायी फुसाओ और कामेइ कात्सुइचिरो हैं।

युद्धकालीन साहित्य

द्वितीय महायुद्ध के दौरान साहित्य एवं तमाम सांस्कृतिक गतिविधियों को सरकार ने युद्ध की ओर मोड़ डाला। साहित्यकारों पर जबरदस्त पाबंदियाँ भी लगाई गईं। उन्हें युद्ध की पत्रकारिता करने के लिए मोर्चों पर भेजा गया। इस बीच तीन मुख्य युद्धकालीन साहित्य लिखे गए।

हिनो आशिहेइ (1907-60) का '*मुगी तो हेइताइ*' (1938, गेहूँ और फौजी), '*त्सुची तो हेइताइ*' (धरती एवं फौजी, 1938), एवं '*हाना तो हेइताइ*' (फूल एवं फौजी, 1939) युद्धकालीन साहित्य की चर्चित रचनाएँ हैं।

आमतौर से युद्धकालीन साहित्य का सम्बन्ध द्वितीय महायुद्ध से है लेकिन जापान के संदर्भ में यह कहा जा सकता है कि जापान 1931 के मंचूरियाई प्रकरण से लगातार युद्धरत रहा जिसका अंत 1945 में उसके आत्मसमर्पण के साथ हुआ। इन 'युद्धकालीन पन्द्रह वर्ष' के दौरान कमोबेश साहित्यिक सृजन की गतिविधियाँ चलती रहीं यद्यपि 1933 से 1937 के दौरान थोड़ी खामोशी रही। यह कहना ठीक होगा कि इन्हीं युद्धकालीन वर्षों में जापान में कुछ बेहतरीन साहित्यिक कृतियों की रचना भी हुई। तेन्को साहित्य के स्वरूप से हम पहले ही परिचित हो चुके हैं। कावाबाता यासुनारी की नोबेल पुरस्कार से सम्मानित रचना *युकिगुनी* (बर्फ देश) 1937 में ही प्रकाशित हुई। तानिज़ाकी की 'माकियोका बहनें' (सासामेयुकी) की धारावाहिक शृंखला 1943 में छपनी प्रारम्भ हो चुकी थी। दाज़ाई ओसामू की '*ओतोगी ज़ोशी*' और मिशिमा युकियो की रचनओं का युद्ध से कोई सम्बन्ध न था। सरकारी दमनचक्र और

प्रशासन की ओर से लगाए प्रतिबंधों के बीच साहित्य के स्वर कुण्ठित होते हुए भी मानवीय भावनाओं से ओत-प्रोत सेंसर की काली स्याही के बावजूद पाठकों की संवेदनाओं को बहुत हद तक छूती ही रही।

आलोचकों का मत है कि 1937 से 1945 के बीच छपा साहित्य साहित्यिक दृष्टिकोण से कोई विशेष प्रभावशाली नहीं था जबकि साहित्य की बड़ी-बड़ी हस्तियों के नाम इसमें शामिल हैं। जैसा कि विदित है कि युद्ध के दौरान जापानी सरकार ने साहित्यकारों और संवाददाताओं को मोर्चों पर और युद्ध द्वारा कब्ज़ा किए प्रदेशों में जापानी छवि को सुधारने के लिए भेजा। जापान की साम्राज्यवादी वृहत् पूर्वी एशिया परिकल्पना के तहत जापान ने उत्तरी चीन का एक बड़ा हिस्सा अपने आधिपत्य में ले लिया और नानकिंग में एक कठपुतली सरकार का गठन 1940 में किया गया।

पत्रिका '*चूओ कोरोन*' ने इशिकावा तात्सुज़ो को 1937 में नानकिंग के लिए रवाना किया। नानकिंग में अपने अनुभवों और अवलोकन के आधार पर इशि्कावा ने एक लघु उपन्यास '*इकिते इरु हेइताई*' (जिंदा सैनिक) लिखा। दुर्भाग्यवश रचना के छपते ही इसपर प्रतिबंध लगा दिया गया। इशिकावा जो जेल जाना पड़ा। 'जिंदा सैनिक' एक प्रभावशाली कहानी है जिसमें जापानी सैनिकों द्वारा चीनी नागरिकों पर ढाए गए जुल्मों का दस्तावेज़ लेखक पेश करते हैं। इशिकावा सैनिकों का चित्रण करते समय तथ्यपरस्ती बरतते हैं फिर भी उन्हें दैत्य के रूप में पेश नहीं करते। जेल से छूटने के बाद इनकी दूसरी रचना 'वुहान सैनिक संक्रिया' (*बुंकान साकुसेन*) शीर्षक से 1939 में छपी जिसमें इशिकावा ने सैनिक कार्यवाही को एक सकारात्मक कदम बताया है।

हिनो आशिहेई (1907-1960) ने अपने प्रथम उपन्यास '*फुन्योदान*' (1937) से साहित्य की दुनिया में पदार्पण किया और आकुतागावा पुरस्कार से सम्मानित भी किए गए। इनकी जिन्दगी भी दिलचस्प रही। सेना के अफसर थे लेकिन लेनिन की किताब पढ़ने की वजह से निष्कासित किए गए और श्रमिक आन्दोलन में शरीक हुए। सैन्य जीवन में चीन में एक सैनिक अभियान के दौरान हिनो डायरी लिखते थे। यही डायरी बाद में '*मुगी तो हेइताई*' (गेहूँ और सैनिक) शीर्षक से प्रकाशित

हुई। यह उपन्यास काफी बिकी। इसमें जापानी सैनिक जिन हालातों में युद्ध कर रहे थे, उसका विस्तृत चित्रण है। हिनो जापानी सैनिक अभियान और उसकी मर्यादा के कायल और पक्षधर रहे। अपनी आखिरी कृति '*काकुमेई जेन्गो*' (क्रांति के पहले और पश्चात, 1960) पूरा करने के तीन सप्ताह बाद हिनो ने आत्महत्या कर ली।

युद्ध, सैनिकों का कठोर जीवन, दूर मोर्चे पर लड़ रहे सगे-सम्बन्धियों से मिलने की ललक, सैनिक कार्यवाही से तबाही आदि का चित्रण जहाँ युद्ध के गम्भीर पक्ष को प्रदर्शित करता है, वहीं इबुसे मासुजी ने एक हास्य '*ताजिंनको गाँव*' (ताजिनको-मुरा) रचा। इनकी अन्य रचनाएँ 'फूलों का शहर' युद्धकाल के सिंगापुर की गाथा है।

अध्याय : चार

युद्धोत्तर शोवा साहित्य

युद्धोत्तर शोवा साहित्य के कालावधि को लेकर इतिहासकारों में मतैक्य की कमी है। इस बात पर भी मतभेद है कि युद्धोतर शोवा साहित्य में कैसी रचनाओं को सम्मिलित किया जाए। क्या 1945 से 1989 तक के शोवा काल संवर्ग को युद्धोत्तर साहित्य माना जाए? क्या ऐसी कृतियाँ जिनकी रचना युद्ध के दौरान हुई लेकिन सेंसर की पाबंदियों या किसी अन्य कारण से युद्ध की समाप्ति के बाद प्रकाशित हुई, को भी युद्धोत्तर साहित्य का दर्जा दिया जाए ? साहित्यिक कोटि की परवाह किए बिना इस अवधि में प्रकाशित सभी वर्ग और मतों के साहित्य को प्राय: युद्धोत्तर शोवा साहित्य ही कहा जाता है। कुछ साहित्यकारों ने 1945 से 1952 की अवधि को 'आधिपत्य के दौर का साहित्य' की संज्ञा देने की सलाह दी है। बाहरहाल 1945 के बाद साहित्य के बहुआयामी स्वरूप को किसी एक वाक्यांश द्वारा परिभाषित करना संभव नहीं, इसलिए परंपरागत सर्वमान्य युद्धोत्तर शोवा साहित्य का प्रयोग यहाँ उपयुक्त रहेगा।

तेजी से प्रगति के पथ पर अग्रसर हो रहे जापानी समाज और जनता के लिए पैंतालिस वर्ष एक लम्बी अवधि है। द्वितीय महायुद्ध में हार और आत्मसमर्पण, परमाणु बम से क्षत-विक्षत जापान हर दृष्टि से टूट चुका था। युद्ध से लौटे सैनिकों के अनुभव और संस्मरण, नागासाकी और हिरोशिमा पर गिराए बमों से तबाही की दास्तान, जापानी सैन्य सरकार की भूमिका पर युद्धोपरांत मूल्यांकन और अमरीका के नेतृत्व में संयुक्त कमान के आधिपत्य में जापान की दशा आदि विषयों को लेकर लेखन

की प्रक्रिया पुनः एक बदले परिवेश में शुरू हुई। पहले से साहित्य की दुनिया के नामी-गिरामी रचनाकारों के अलावा नए लेखक भी उभरे। महत्त्वपूर्ण बात यह हुई कि बुनदान (साहित्यिक गतिविधियों की व्यवस्था), जो युद्धकाल में लेखकों को युद्ध से सम्बन्धित कार्यों में जबरन झोंक देने से अस्त-व्यस्त हो चुका था, का पुनर्गठन हुआ। जिन लेखकों ने सैनिक सरकार और उसकी युद्धकालीन गतिविधियों का सहयोग किया था और दूसरे, जो तटस्थ रहे—सभी पुनः बुनदान की कार्यवाही में शिरकत के लिए तत्परता से आगे आए।

नए परिवेश में सेंसर की गतिविधियाँ भी महत्त्वपूर्ण रहीं। युद्धकालीन या युद्धपूर्व सेंसर और आधिपत्यकालीन सेंसर के बीच व्यापक फ़र्क था। आधिपत्यकालीन सेंसर 'आपत्तिजनक' लेखन के लिए लेखक या संपादक को हवालात की हवा नहीं बल्कि तथ्यों, शब्दों आदि पर पुनर्विचार करने का सुझाव देता। नई व्यवस्था में तोक्को पुलिस (खुफ़िया पुलिस) जो जनता के बीच खुफ़िया कार्यवाही किया करती थी, बंद कर दी गई। निचोड़ यह कि लेखन के लिए अब अधिक आज़ादी का माहौल था और पुलिस या व्यवस्था का खौफ़ कम। यद्यपि यह कहना गलत न होगा कि सेंसर अब भी संकुचित मानसिकता का परिचय देने से कतराती नहीं थी। लिखने की आज़ादी का कई साहित्यकारों ने स्वागत करते हुए यह क्षोभ भी जाहिर किया कि काश, यह आज़ादी आधिपत्य प्रशासन के बजाय अपनी सरकार की देन होती।

जापान का युद्धोतर साहित्य, युद्धपश्चात् राष्ट्र और समाज के विसर्पी और कष्टप्रद प्रगति का मानचित्र है। युद्धोत्तर शोवा काल के पैंतालिस वर्ष को शायद संवर्गों में बाँटना संभव नहीं फिर भी यह अवश्य कहा जा सकता है कि इस काल की रचनाओं में जहाँ एक ओर युद्ध की त्रासदी का बहुमुखी विश्लेषण और वर्णन देखने को मिलता है वहीं एक नए राजनीतिक और आर्थिक परिवेश में आधुनिकतावादी, व्यक्तिवादी, साम्यवादी और प्रजातांत्रिक मतों के स्वर भी साहित्यिक परिकल्पनाओं में गुँजित होने लगे। कहते हैं कि जहाँ पश्चिमोन्मुख साहित्यिक विधा धीरे-धीरे जापान में जड़ पकड़ने लगती है वहीं परम्परागत साहित्य के विभिन्न पहलुओं का पुनः अवलोकन भी शुरू हो जाता है।

युद्ध संस्मरण

युद्ध के दिनों के संस्मरण कई लेखकों ने लिखे। चर्चित कुछ रचनाओं में कोन हिदेमी का आत्मकथात्मक उपन्यास '*सानचू होरो*' (पहाड़ों में भटकते हुए, 1949), फिलीपीन में जापान की बिगड़ती स्थिति के परिवेश में एक सैनिक के जिंदा रहने की ललक का दस्तावेज है। उमेज़ाकी हारूओ (1915-1965) अपनी रचना '*साकुराजिमा*' (1946) के लिए जाने जाते हैं। साकुराजिमा क्यूशू का एक छोटा द्वीप है जहाँ अमरीकी बमबारी होने की आशंका है। कहानी का सूत्रधार सैनिकों की जिन्दगी में व्याप्त अमानवीय तथ्यों को उजागर करते हुए अपनी अस्मिता पर प्रश्नचिन्ह लगाता है। किरा, जो एक निम्नवर्गीय सैनिक अफसर है, मनुष्य के नैतिक विघटन की पराकाष्ठा प्रस्तुत करता है। जापान के आत्मसमर्पण की खबर सुन किरा 'हाराकिरी' करने के लिए तलवार तो उठाता है लेकिन स्वयं को एक सम्मानजनक मौत भी प्रदान नहीं कर पाता।

युद्धकालीन और युद्धोत्तर हालातों के वर्णन की कड़ी में ओका शोहेई (1909-1988) और इबुसे मासुजी (1898-1993) का ज़िक्र सबसे पहले आता है।

ओका शोहेई

(1909-1988)

ओका शोहेई कवि बनने का ख्वाब देखते थे। निजी छात्र के रूप में फ्रांसीसी भाषा की पढ़ाई शुरू की। फिर क्योतो विश्वविद्यालय में फ्रांसीसी विभाग में दाखिला लिया। इन्होंने फ्रांसीसी साहित्य का अनुवाद करना प्रारम्भ किया और बाद में साहित्यिक आलोचना के क्षेत्र में भी आलेख लिखने लगे। 1944 में इन्हें सेना के साथ फिलीपीन भेज दिया गया जहाँ इन्हें अमरीकी सेना ने गिरफ्तार कर युद्धबंदियों

के सबसे बड़े कैम्प में भेज दिया। 1945 में ओका रिहा हो जब स्वदेश लौटे तो 'एक युद्धबंदी की डायरी' (फुर्योकी, 1948) की रचना की और एक युद्धबंदी की हैसियत से युद्ध और राष्ट्र से सम्बन्धित विषयों पर एक संवेदनरहित स्पष्ट विचार प्रस्तुत किया। इसी विषय को आगे बढ़ाते हुए ओका ने '*नोबी*' (मैदान में आग, 1952) की रचना भी की।

जब लगभग पूरे फिलीपीन पर अमरीकी आधिपत्य हो जाता है तब एक जापानी फौजी तामुरा जो अपने अन्य साथियों से बिछुड़ जाता है और अमरीकियों तथा देसी फिलिपीनियों से बचते-बचाते भोजन की तलाश में एक निर्जन गाँव में पहुँचता है। वहाँ खेतों में आलू की फसल तैयार हो रही होती है। हालाँकि यह स्थान तामुरा के लिए एक स्वर्ग ही था, फिर भी यह उसे रास न आया। एक दिन तामुरा को एक चर्च दिखता है और वह वहाँ पहुँचकर एक फिलीपीनी महिला की हत्या कर बैठता है। वह सोचता है कि जिस राइफल से उसने महिला की हत्या की है वह उसे सम्राट ने भेंट की थी यानी मेरे देश ने मुझ पर इस खतरनाक शस्त्र को थोपा है और चूँकि अब जापान हार चुका है इसलिए इस शस्त्र की उपयोगिता खत्म हो गई है। यह सोच वह अपनी रायफल को नदी में फेंक देता है। तामुरा जब वापस अपने आलू के खेत वाले शरणस्थल पर पहुँचता है तो देखता है कि वहाँ और जापानी फौजी पहुँचकर आलू खोद रहे हैं। उसे पता चलता है कि सभी जापानी सैनिकों को एक खास जगह इकट्ठा होना है और वह उस दिशा में चल पड़ता है। भूख से बेहाल उसका साथी उसे मांस का एक टुकड़ा बंदर का मांस बताकर देता है। तामुरा को खाते ही पता चलता है कि वह मांस बंदर का नहीं, एक मृत सैनिक का है। भूख से आक्रांत मनुष्य, मनुष्य को ही खाने के लिए तत्पर हो जाता है।

मनुष्यभक्षण के अलावा भावनाओं और तर्क की सघनता तथा यथार्थपरकता की कसौटी पर यह उपन्यास खरा होते हुए भी जापानी संवेदनाओं से हटकर है।

इबुसे मासुजी

(1898-1993)

युद्ध के विध्वंसक परिणामों की पराकाष्ठा का बयान इबुसे मासुजी ने अपनी दो बिल्कुल अलग रचनाओं में किया है। 1950 में प्रकाशित '*योहाई ताइचो*' (इबादती कमाण्डर) एक ऐसे लेफ्टिनेण्ट की कहानी है जो न सिर्फ देशभक्त है बल्कि पागलपन की हद तक सम्राट उपासक भी। हर विजय के साथ वह सम्राट के महल की ओर नतमस्तक हो जाता है। एक दुर्घटना के बाद उसका यह पागलपन और भी गंभीर रूप धारण कर लेता है। युद्ध के बाद भी लेफ्टिनेण्ट यूइचि अपने गाँव में एक फौजी अफसर की तरह हुक्म देता और सम्राट के महल की ओर नतमस्तक होता सारे गाँव के लिए मज़ाक और मनोरंजन का केन्द्र बन जाता है।

इबुसे मासूजी की बहुचर्चित '*कुरोई आमे*' (काली बारिश) 1966 में छपी। यह परमाणु बम के विध्वंस का सजीव चित्रण है जिससे पाठक सहज ही अभिभूत हो जाता है। हिरोशिमा की यह दर्दनाक और हृदयविदारक गाथा भावनाओं और मानवीय तर्क की मर्यादा का एक संतुलित मिश्रण है। इस कहानी का सूत्रधार एक व्यक्ति है जो बम के गिरने के बाद यहाँ-वहाँ अपने परिजनों की तलाश में भटकता रहता है। उसकी भतीजी जो बम गिरने के समय हिरोशिमा में नहीं थी, वापस घर लौटती है तो परमाणु बम के दूरगामी परिणामों का शिकार हो जाती है। परमाणु विकिरण और प्रदूषित बारिश से उसका चेहरा सदा के लिए स्याह हो जाता है। परमाणु बम की त्रासदी का इससे बेहतर और सजीव चित्रण अन्यत्र नहीं है।

जहाँ एक ओर जापान का मनोबल युद्ध में शिकस्त खाने के बाद बिल्कुल ही टूट चुका था वहीं सामाजिक शून्यता, भ्रष्टाचार और आत्मपीड़न से एक आम इनसान उत्पीड़ित था। साथ ही यह कहना गलत न होगा कि जापान का नागरिक राष्ट्रीय पुनःनिर्माण के लिए

प्रतिबद्ध था। पूँजीवादी व्यवस्था का अनुसरण करते हुए औद्योगीकरण का सिलसिला शुरू हुआ और शहरीकरण का भी। व्यक्तिवादी मत सामाजिक संतुलन को एक नई दिशा देने के लिए बेचैन था। एक तरफ औद्योगीकरण और शहरीकरण के नए दौड़ के साथ पश्चिमीकरण का फैलता परिवेश, वहीं दूसरी ओर अस्मिता और पहचान के बीच त्रिशंकु-सा लटका जापानी समाज ठोस निष्कर्ष पर नहीं पहुँच पा रहा था। खासकर साहित्य के क्षेत्र में यह दुविधा कुछ खास ही थी।

हालाँकि युद्ध के स्थगन के तुरंत बाद कागज की इतनी किल्लत थी कि छपाई तो दूर लिखने के लिए भी कागज काले बाज़ार से खरीदना पड़ता था, लेकिन साहित्यिक पत्रिकाओं की लगातार बढ़ती संख्या ने लेखकों के लिए आमदनी का एक बड़ा रास्ता ही खोल दिया। लेखन कार्य के व्यवसायीकरण के साथ लेखकों की आमदनी बढ़ी लेकिन साहित्य का स्तर घटने लगा। 'चूकान शोसेत्सु' (मध्यमस्तरीय परम्परागत कथा साहित्य) के इस चलन को जनता ने दोनों हाथों से लपका और शह भी दी। पन्द्रह वर्षों तक साहित्य से वंचित जनता जैसे भूखी थी।

आधुनिक प्रगतिशील साहित्य

इसी परिवेश में गम्भीर कोशिशें भी हो रही थी। युद्ध और परमाणु बम के विध्वंस की कहानी से हमारा परिचय हो चुका है। आधुनिक और प्रगतिशील साहित्य को परिभाषित करने की ऐसी ही कोशिश '*किन्दाई बुनगाकु*' पत्रिका के सम्पादन के साथ शुरू हुई। '*किन्दाई बुनगाकु*' के संस्थापक अपने निजी बौद्धिक मत के अनुसार मार्क्सवादी थे लेकिन वह साहित्य को राजनीति के हाथों की कठपुतली नहीं बनने देना चाहते थे।

अपने इस आशय का ऐलान होन्दा शूगो ने पत्रिका के पहले अंक में करते हुए यह स्पष्ट कर दिया कि पत्रिका की सदस्यता सिर्फ वैसे साहित्यकारों और आलोचकों के लिए खुली है जो साहित्यिक सृजन के

कलात्मक पक्ष से प्रेरित हैं; मानवीय मूल्यों के प्रति सम्मान की भावना रखते हैं; अपनी रचनाओं में या रचना की प्रक्रिया में ऐतिहासिक पहलुओं के प्रति संवेदनशील हैं, और दलगत राजनीति से मुक्त उपयोगितावादी साहित्य का विरोध करते हैं। मतलब साफ़ था। वे सर्वहारा मताग्रह से साहित्यिक विधा को एक बार फिर कुण्ठित नहीं होने देना चाहते थे, जैसा 1920 के दशक में हुआ। इस पत्रिका की सदस्यता के लिए नवयुवकों को प्राथमिकता दी गई ताकि वे संस्था के मनसूबों को आगे बढ़ा सकें।

पत्रिका के पहले अंक में हानिया चूताका की बहुचर्चित और शायद जापान के साहित्यिक इतिहास का सबसे कठिन उपन्यास '*शिरेई*' (भूत, 1946) की पहली किस्त छपी। इस रचना में युवा बुद्धिजीवियों की समस्याओं पर विस्तृत चिंतन है जिसमें कथात्मक कौशल बारीकियों के साथ दर्शाया गया है। 'किन्दाई बुनगाकु' से जुड़े साहित्यकारों की कृतियों को 'सेन्गो-हा' (युद्धोत्तर समाज) का पहला प्रयोग भी कहा जाता है।

नवजापान साहित्यिक संस्था

जापानी कम्युनिस्ट पार्टी के सहयोग से स्थापित नवजापान साहित्यिक संस्था की पहली सभा में कई गैर-कम्युनिस्ट साहित्यकारों ने भी भाग लिया। इस संस्था का प्रमुख ध्येय लोकतांत्रिक-प्रजातांत्रिक साहित्य (*मिनशूशूगी बुनगाकु*) का सृजन करना था। हालाँकि लोकतंत्र को इस संस्था ने कभी परिभाषित करने की चेष्टा नहीं की और कालांतर में कम्युनिस्ट पार्टी के मतों से इसकी गतिविधियाँ प्रभावित होने लगीं। इस संस्था ने '*शिन निहोन बुनगाकु*' पत्रिका का प्रकाशन एक लम्बी अवधि तक किया और सर्वहारा साहित्य और पार्टी की परिधि से परे ऐसे व्यक्तियों की रचनाओं को भी प्रकाशित किया जिनका सम्बन्ध समाज के दूसरे वर्गों से था। 1950 में मार्क्सवादी पार्टी के अन्दर गुटबाजी के कारण इस संस्था में विभाजन हो गया। एक गुट ने अलग से '*जिम्मिन*

बुनगाकु' (लोक साहित्य) नाम से एक नई पत्रिका का प्रकाशन प्रारम्भ किया जिसमें विशेषकर सर्वहारा साहित्य को ही प्रश्रय मिला।

नवजापान साहित्यिक संस्था से जुड़े प्रमुख व्यक्तियों में नोमा हिरोशी, शिना रिन्ज़ो, मियामोतो युरिको, नाकानो शिगेहारू, साता इनेको, त्सुबाई साकाए और हीराबायाशी ताइको के नाम विशेष रूप से लिए जाते हैं।

नोमा हिरोशी

(1915-1991)

नोमा हिरोशी ने युद्ध समाप्त होते ही '*कुराई ए*' (स्याह तस्वीरें, 1946) की रचना की, जिसमें इन्होंने भाषा और कथा साहित्य के नए प्रयोग किए। 1952 में इन्होंने बहुचर्चित उपन्यास '*शिन्कु चिताइ*' (शून्य मण्डल) प्रकाशित किया जिसमें फौज में इनके बिताए दिनों के संस्मरण के आधार पर एक काल्पनिक कथा-साहित्य की संरचना देखने को मिलती है। बुद्धिजीवियों के उत्तरदायित्व तथा क्रान्तिकारियों की सामाजिक जिम्मेदारी पर इस उपन्यास में रोचक प्रसंग और बहस भी है। इस उपन्यास के द्वारा नोमा इस भ्रम को तोड़ने में सफल होते हैं जिसमें युद्ध के दौरान हर जापानी नागरिक अपने सम्राट के लिए हर कीमत अदा करने को तैयार होता है। वास्तव में मनुष्य की मानसिकता का वह पक्ष, जिसमें वह स्वयं से प्यार करता है और अपनी जान बचाने की हर संभव कोशिश करता है, बखूबी दिग्दर्शित किया गया है।

नोमा ने युद्ध से सम्बन्धित विषयों के अलावा साम्यवाद, स्तालिन-काल का रूस और साम्यवादी यथार्थ के अनेक पहलुओं पर गहराई से अपनी अन्य कई रचनाओं में बड़े ही सशक्त तरीके से विचार किया है। साम्यवादी मत से प्रेरित इस साहित्यकार और चिंतक ने धर्म और समाज जैसे विषयों पर अपनी प्रतिक्रिया बेबाकी से व्यक्त की है।

शिन्गेसाकू / बुराइहा

1945 में महायुद्ध के खत्म होते ही साहित्यकारों का एक ऐसा दल उभरता है जो युद्ध से सम्बन्धित विषयों से हटकर एक अलग किस्म के साहित्य का सृजन करता है। इस दल को प्रारम्भ में शिन्गेसाकू (नव गेसाकू) की संज्ञा दी गई। इस दल की साहित्यिक संरचना ऐदो काल के गेसाकू साहित्य से मिलती-जुलती थी जो समाज की आलोचना के लिए तमाशाई और हास्यास्पद प्रसंगों का जानबूझकर अपनी रचनाओं में इस्तेमाल करता था। इस समूह के लेखकों में दाज़ाई ओसामू (1909-48), साकागुची आन्गो (1906-55) और ओदा साकुनोसुके के नाम प्रमुख हैं। इन सभी व्यक्तियों का सम्बन्ध जापान के सभ्रान्त परिवारों से रहा लेकिन समाज की परम्पराओं, परम्परागत मर्यादाओं, सामाजिक मूल्यों आदि से विरक्त इन तमाम साहित्यकारों ने आत्महत्या कर ली। इस दल को कालांतर में 'बुराइहा' के नाम से भी पुकारा जाने लगा। बुराइहा से तात्पर्य व्यभिचार या सत्ता के स्थापित स्वरूप के प्रति नकारात्मक असहयोग की भावना से है जिसे इस दल के युद्धोत्तरकालीन लेखकों ने अपनी रचनाओं में प्रश्रय दिया और स्वयं सामाजिक मापदण्डों को मानने से इनकार किया। इस दल के प्रणेता के रूप में दाज़ाई ओसामू का नाम विशेष महत्व रखता है।

दाज़ाई ओसामू

(1909-1948)

दाज़ाई ओसामू का वास्तविक नाम था त्सुशिमा शूजी। इनका जन्म होन्शू के उत्तरी क्षेत्र में एक सभ्रांत परिवार में हुआ। बचपन में इनका लालन-पालन दाइयों के हाथों हुआ। पिता की मृत्यु के बाद परिवार की बागडोर इनके सबसे बड़े भाई ने संभाली। दाज़ाई को विश्वविद्यालय की पढ़ाई के लिए तोक्यो भेजा गया। कच्ची उम्र से ही दाजाई मौज-मस्ती के प्रति रुझान रखते थे और

अपने व्यवहार से आए दिन परिवार को लज्जाजनक परिस्थितियों में डालते रहते थे। कई बार इन्होंने आत्महत्या करने का असफल प्रयास भी किया और अन्त में ऐसे ही एक हादसा में इनकी आँख सदा के लिए बंद हो गई। हालाँकि इनकी रचनाओं की एक लम्बी सारणी है, लेकिन इनकी बहुचर्चित रचनाओं में '*फुयु नो हानाबी*' (सदी की आतिशबाज़ी 1946), '*बियोन नो त्सुमा*' (विलोन की पत्नी, 1947) और '*शायो*' (डूबता सूरज, 1947) हैं। युद्ध के दौरान इन्होंने मिनामोतो सानेतोमो की जिन्दगी पर आधारित उत्कृष्ट साहित्य की रचना की। इन्होंने क्लासिकी जापानी साहित्य और लोक-कथाओं का पुनर्लेखन भी किया। 1945 में प्रकाशित '*शिनयाकु-साइकाकू शोकोकु-बानाशी*' (साइकाकू की प्रादेशिक कहानियों का नया अनुवाद) दिलचस्प तो है ही, उनमें साहित्यिक दक्षता भी दिखती है। लोक-कथाओं पर आधारित '*ओतोगी ज़ोशी*' युद्ध के बाद प्रकाशित हुई।

'शायो' (डूबता सूरज) दाजाई की सबसे लोकप्रिय रचनाओं में से एक है। इसमें युद्धोत्तर काल के बदलते सामाजिक परिवेश से आक्रांत सभ्रान्त परिवारों का लेखा-जोखा है। कहानी की नायिका काजुको की निगाहों से कही गई इस कथा-साहित्य में काजुको की माँ, भाई नाओजी और कथाकार उएहारा की जिन्दगी और भावनाओं का उम्दा वर्णन है। काजुको की जिन्दगी बहुत हद तक दाज़ाई की रखैल ओता शिजुको की जिन्दगी की घटनाओं से मेल खाता है। उएहारा के रूप में दाज़ाई स्वयं को चित्रित करते हैं। हालाँकि इस उपन्यास की घटनाएँ और पात्र वास्तविक जिन्दगी से लिए गए हैं, दाज़ाई की काल्पनिक दस्तकारी के प्रमाण ठोस रूप से इस कथा-साहित्य में दिग्दर्शित होते हैं।

युद्धोत्तरकालीन साहित्य - तीसरा चरण

अगर नवीन गेसाकू या बुराइहा, किन्दाई बुनगाकु और शिन निहोन बुनगाकाई क्रमशः युद्धोत्तरकालीन साहित्य के प्रथम और द्वितीय चरण

माने जाएँ तो तीसरे चरण में मिशिमा युकियो और आबे कोबो का जिक्र आता है।

मिशिमा युकियो

(1925-1970)

मिशिमा के नाम से जगप्रसिद्ध जापान के इस बहुआयामी कलाकार, कथाकार, कवि, नाटककार का वास्तविक नाम हिराओका किमिताके था। पिता सरकारी नौकरी करते थे। इनकी प्रारम्भिक शिक्षा गाकुशूइन में हुई। पढ़ाई में सर्वोत्तम हिराओका को सम्राट ने एक चाँदी की घड़ी पुरस्कार स्वरूप भेंट में मिली। तोक्यो विश्वविद्यालय से उच्चतर शिक्षा के बाद हिराओका ने वित्त मंत्रालय की नौकरी शुरू की लेकिन साहित्य-जगत में मिशिमा का दिनों-दिन बढ़ता व्यक्तित्व इन्हें मंत्रालय की नौकरी से त्यागपत्र देने को बाध्य कर देता है ताकि वह अपना सारा समय साहित्य-साधना में लगा सके। मिशिमा नाम स्कूल के दिनों में ही रखने को विवश होना पड़ा जब स्कूल की पत्रिका के लिए हिराओका किमिताके ने '*हानाज़ाकारी नो मोरी*' (1941) की रचना की। हीराओका के शिक्षक शिमीजु जो सम्मानित साहित्यिक पत्रिका '*बुन्गेई बुन्का*' के प्रकाशन से सम्बन्धित थे, इस कहानी से इतना प्रभावित हुए कि उन्होंने हिराओका को '*बुन्गेई बुन्का*' के लिए इस पाण्डुलिपि को भेजने की सलाह दी। '*बुन्गई बुन्का*' के सम्पादक इस नन्हे मिडिल स्कूल की साहित्यिक प्रतिभा से न सिर्फ प्रभावित हुए बल्कि इस होनहार साहित्यकार की प्रगति में कोई अड़चन न आए, इसीलिए उन्होंने हिराओका को उपनाम रखने की सलाह दी। इस तरह जापान के साहित्य मण्डल पर मिशिमा युकियो का उदय हुआ।

'*हानाज़ाकारी...*' मिशिमा की अन्य लघुकथाओं के साथ 1944 में पुनः प्रकाशित हुई। चार हज़ार प्रतियों की पहली छपाई चुटकी बजाते

बिक गई। शायद जनता युद्ध के बारे में पढ़ते-पढ़ते थक चुकी थी। '*हानाजाकारी...*' एक किशोर के अपने अनुभव नहीं बल्कि रूपालंकृत, उपमाओं से सुसज्जित, सूक्तियों से विभूषित एक ऐसे बुजुर्ग के आत्म संस्मरण हैं जो अपने पूर्वज़ों की परिकल्पना में जग-संसार, परिजनों-हितैषियों से दूर कहीं ध्यानमग्न है।

मिशिमा को साहित्यिक जगत में इन रचनाओं की वजह से स्थान तो मिला लेकिन पहचान बनी 1949 में, जब इनका आत्मकथात्मक उपन्यास '*कामेन नो कोकुहाकू*' (मुखौटे का कबूलनामा) को पाठकों और आलोचकों ने सराहा।

'मुखौटे का कबूलनामा' आत्मकथात्मक उपन्यास होते हुए भी 'आई नोवेल' के पारम्परिक शैली से हट कर है। इसमें लेखक अपने जीवन के कुछ खास, विशेषकर मलिन प्रसंगों को ही पेश करता है। इस उपन्यास का उत्तम पुरुष स्वयं कवि नहीं, कथाकार या कलाकार नहीं या एक मेधावी छात्र भी नहीं। मिशिमा ने इस कथा-साहित्य में नायक की समलैंगिक प्रकृति और रुझान को बिना किसी हिचकिचाहट के पेश किया है। शायद यह हर किशोर के वयस्क होने की प्रक्रिया हो, लेकिन वे स्वयं समलैंगिक हैं, इसका इकरार उन्होंने कभी नहीं किया। मिशिमा के अनुसार 'मुखौटे का कबूलनामा' के ज़रिए उन्होंने अपने अन्दर पल रहे राक्षस का सफाया कर जिन्दगी जीने का रास्ता प्रशस्त किया। 'मुखौटे का कबूलनामा' का हर पक्ष ऐतिहासिक दृष्टि से सत्य हो, ऐसा भी नहीं। इस कथा की रचना में मिथ्या और कल्पना का खुलकर इस्तेमाल किया गया है। स्वयं मिशिमा बताते हैं कि कोई कबूलनामा मिथ्या से विलग नहीं। 'सत्य' की जमीन को बचाने के लिए मिथ्या का सहारा लेना आवश्यक है। शायद एक विशुद्ध इकरारनामा संभव ही नहीं।

मिशिमा ने 55 वर्ष की आयु में ही सैकड़ों रचनाओं का सृजन किया। कला व साहित्य का शायद ही कोई पहलू इनसे अछूता रहा। जहाँ 'मुखौटे का कबूलनामा' जापानी साहित्य के लिए एक मील का पत्थर साबित हुआ, वहीं इनकी बेहतरीन रचना '*किन्काकुजी*' (स्वर्ण मण्डप का मंदिर, 1956) साहित्यिक विधा को एक नई अवधारणा प्रदान करती है। इस रचना में यथार्थवाद है और व्यक्तिपरकता भी।

ऐतिहासिक दृष्टि से वस्तुपरक होते हुए भी मनोवैज्ञानिक दृष्टि से इसमें तलाश है उस व्यक्ति की, जो क्योतो शहर की राष्ट्रीय धरोहर को जला देता है। ऐतिहासिक तथ्यों पर आधारित होते हुए भी मिशिमा दुर्घटना के क्रम के प्रति पाठकों का ध्यान आकृष्ट कराने की चेष्टा नहीं करते और न ही उस भिक्षु मिज़ोगुचि के प्रति सहानुभूति जताने की कोशिश करते हैं। मिशिमा कला का सृजन कर रहे थे इसलिए वह व्यक्तिपरक भी थे और वस्तुपरक भी।

अपनी जिन्दगी के आखिरी पाँच वर्ष मिशिमा चार पुस्तकों की एक कथा–चतुष्ट्य की रचना में डूबे रहे जिसमें वह अपने जीवन के असीम अनुभवों का निचोड़ पेश करना चाहते थे। इस कथा–चतुष्ट्य '*होजो नो उमी*' (प्रजनन का सागर, 1965) का पहला भाग '*हारु नो युकि*' (बसंत का बर्फ, 1969), दूसरा '*होम्बा*' (भगौड़े घोड़े, 1969), तीसरा '*आकात्सुकि नो तेरा*' (भोर का मंदिर, 1970) है। चौथी पुस्तक '*तेननिन गोसुई*' (एक फरिश्ता का अपक्षय) इनकी अन्तिम कृति थी, जिसकी पाण्डुलिपि के एक पन्ने पर मिशिमा ने आत्महत्या की तारीख मुकर्रर कर रखी थी – 25 नवम्बर, 1970।

आबे कोबो

(1924-1993)

1924 में तोक्यो में जन्मे आबे कोबो का बचपन मंचूरिया में बीता। तोक्यो विश्वविद्यालय से चिकित्सा स्नातक होने के बावजूद इन्होंने साहित्य को ही अपना कार्यक्षेत्र बनाया। इनका देहांत 1993 में हुआ जब वे 69 वर्ष के थे। 'लाल कोया' (*आकाई मायू*, 1949), 'दूसरे का चेहरा' (*तानीन नो काओ*, 1964) और 'विखंडित नक्शा' (*मोएत्सुकिता चीजू*, 1967) कोबो की प्रमुख रचनाओं में गिनी जाती हैं। कविता, उपन्यास, कहानी, नाटक और चित्रपट

कथा के क्षेत्र में आबे कोबो की एक विशिष्ट भूमिका रही है। उत्तर-महायुद्ध काल के प्रतिभाशाली जापानी साहित्यकार के रूप में उनकी ख्याति 'रेत की औरत' (*सुना नो ओन्ना*, 1962) के प्रकाशन के बाद दुनिया के हर कोने तक पहुँची।

साहित्य की ओर इनका रुझान तोक्यो में चिकित्सा अध्ययन के समय से ही रहा और पचास के दशक से ही इनकी कविताओं और उपन्यासों को जापान के श्रेष्ठ साहित्य-पुरस्कारों से नवाज़ा जाने लगा। इसके बावजूद जापानी मानसिकता आबे कोबो की रचनाओं को पश्चिमी विचार से प्रभावित मानती रही और इनके नवीन प्रयोगों को ठीक से समझ न सकी। 1962 के बाद आबे कोबो की रचनाओं के प्रायोगिक लेखन ने अपना ऐसा रंग जमाया कि तत्कालीन जापानी साहित्य के हर पहलू पर इनकी रचना शैली की छाप देखने को मिलती है। 'मृतात्मा का गीत' (*शिंदा मुसुमे गा उतात्ता*, 1954) तब की रचना है जब साहित्य के साथ-साथ कोबो राजनीति में भी सक्रिय थे। वामपंथी विचारों के कारण उन्होंने अपनी रचनाओं के माध्यम से जमाखोरी तथा पूँजीवाद पर करारे प्रहार किए।

युद्धोत्तरकालीन शोवा साहित्य - चौथा चरण

शोवा साहित्य के इस चौथे चरण में दो महत्त्वपूर्ण रचनाकारों का उदय होता है जिनकी रचनाओं में समाज के निम्न वर्ग विशेषकर उस तबके की रोज़मर्रा की जिन्दगी का वर्णन है जिसके प्रति समाज सर्वथा उदासीन रहा है। इस विधा के रचनाकारों में योशियुकि जुन्नोसुके और एन्दो शूसाकू का नाम सर्वोपरि है।

योशियुकि जुन्नोसुके

(1924–)

योशियुकि 1924 में ओकायामा में जन्मे और तोक्यो में पले-बढ़े। योशियुकि ने तोक्यो विश्वविद्यालय में अंग्रेजी साहित्य का अध्ययन किया, लेकिन 1947 में पढ़ाई छोड़ पत्रकारिता को अपना पेशा बनाया। दमे की बीमारी से वह बचपन से ही परेशान थे जिसकी वजह से बार-बार बीमार रहने लगे। 1954 में इनकी कहानी '*शूऊ*' (आकस्मिक बारिश) प्रकाशित हुई जिसके लिए इन्हें आकुतागावा पुरस्कार से सम्मानित किया गया। इनका पहला उपन्यास '*गेनशोकू नो माची* (प्राथमिक रंगों वाली सड़क, 1956) है। योशियुकि आज भी साहित्य के सृजन में व्यस्त हैं और उनका नाम समकालीन साहित्यकारों में बड़े सम्मान से लिया जाता है।

योशियुकि ने अपनी कहानियों में पुरुष और नारी के सम्बन्धों के दैहिक पक्ष को सर्वथा महत्व दिया है। लेकिन इस पक्ष का दिग्दर्शन वह किसी वासनापरक जिज्ञासा से प्रेरित होकर नहीं करते बल्कि इन्हें खोज रहती है उस निश्छल, निर्मल भावना की जो सम्बन्धों को नई परिभाषा दे सके। इन्हें तलाश रहती है उस हृदय की जिस पर पाखण्ड या मिथ्याचार की कलुषित छाया न पड़ी हो। इनकी कहानियों में ऐसी संवेदनाओं को प्राय: उन्हीं रिश्तों में पाया गया है जहाँ अहम् और स्वार्थपरक अपेक्षाएँ उपस्थित न हों। तवायफों की जिन्दगी का चित्रण इनकी कहानियों में अकसर मिलता है। ऐसी मान्यता है कि योशियुकि की रचनाओं पर साइकाकू, नागाई काफू और तानीज़ाकी का गहरा प्रभाव है। लेकिन जहाँ साइकाकू और काफू ने नारी के चरित्र को प्राय: पथभ्रष्ट व्यक्तित्व के प्रतिमान में ढाला है वहीं योशियुकी ने नारी के व्यक्तित्व को एक सम्मानजनक स्वरूप देने की चेष्टा की है।

एन्दो शूसाकू

(1923-1996)

एन्दो शूसाकू की रचनाओं में आधुनिक जापान की सामाजिक, आध्यात्मिक और राजनीतिक जटिलताओं का जितना कलात्मक और सजीव चित्रण देखने को मिलता है उतना अन्यत्र कम ही है। एन्दो की रचनाएँ विविध विषयवस्तु को सम्बोधित करती हैं। एक तरफ जहाँ वह जापान की अस्मिता की बात करते हैं वहीं वह धार्मिक विश्वास और मानवीय दुर्बलताओं से जुड़े प्रश्नों पर सघन और संतुलित विमर्श भी प्रदान करते हैं। पश्चिमी आलोचकों ने एन्दो को 'जापानी ग्रैहम ग्रीन' की संज्ञा दी लेकिन कालांतर में कुछ पश्चिमी आलोचकों ने तो यहाँ तक कहा कि शायद ग्रीन को 'ब्रिटिश एन्दो' कहा जाए तो इसमें अतिशयोक्ति नहीं होगी।

एन्दो कैथोलिक धर्म के अनुयायी तब बने जब उनकी उम्र महज़ ग्यारह वर्ष की थी। कैथोलिक मत उनकी कई रचनाओं की विषयवस्तु है। केइयो विश्वविद्यालय में फ्रांसीसी कैथोलिक कथा-साहित्य के अध्ययन के उपरांत एन्दो 1950 में फ्रांस गए जहाँ इन्होंने ढाई साल तक कैथोलिक साहित्य पर शोध किया। इसी दौरान इन्हें यूरोप के अन्य देशों का भ्रमण करने का मौका भी मिला। यूरोपवास के दौरान पश्चिमी और पूर्वी संस्कृतियों के आपसी तनाव तथा पाश्चात्य के एकेश्वरवाद और प्राच्य के सर्वेश्वरवाद के द्वन्द्व ने इनकी चेतना को झकझोर दिया। इसी विषय पर एन्दो ने 1955 में अपना बहुचर्चित कथा-साहित्य '*शिरो हितो*' (सफेद आदमी) की रचना की। जापान के नैतिक विघटन के सवाल पर इन्होंने '*किइरो हितो*' (पीला आदमी) भी इसी वर्ष प्रकाशित किया। तीन साल बाद '*उमी तो दोकुयाकु*' (सागर और विष, 1958) ने तो जापान के नैतिक चेतना को जैसे हिलाकर ही रख दिया।

एन्दो ने मनोरंजक साहित्य की भी संरचना की। उनका उपन्यास '*ओबाक़ासान*' (अद्भुत मूर्ख, 1959) ऐसी रचना है जिसके मज़ाइया

बाहरी स्वरूप के अन्दर सद्भावना और आध्यात्मिक चिंतन के गहरे स्वर विद्यमान हैं। 1973 में ईशु मसीह के जीवन पर उन्होंने बेहतरीन कहानी '*इसु नो शोगाई*' की रचना की। भारतीय अध्यात्म और बनारस के तीर्थ पर सघन चिंतन इनकी 1994 की रचना '*फुकाइकावा*' (गहरी नदी) में देखने को मिलता है। 1996 में जापान के इस अद्भुत साहित्यकार और चिंतक का देहावसान हो गया।

ओए केन्जाबुरो

(1935–)

मिशिमा युकियो और एन्दो शून्साकू के बाद अगर किसी युद्धोतर जापानी कथा साहित्यकार का जिक्र अन्तर्राष्ट्रीय साहित्यिक मंच पर बड़े सम्मान के साथ लिया जाता है तो वह हैं ओए केन्ज़ाबुरो। ओए की रचना-शैली और विषय-वस्तु शोवा काल के अन्य साहित्यकारों से अलग ऐसी रचनाओं का सृजन करती है जिसमें ज्ञानबोध, सपनों और आशाओं के ताने-बाने के बीच इनसान अपनी अस्मिता, अपने अस्तित्व को पहचानने-ढूँढ़ने को बेचैन दिखता है। इनकी कहानियों में कोई प्लाट नहीं और न ही नैसर्गिक या सहज बहाव देखने को मिलता है बल्कि रचनाकार अपने सचेतन का प्रयोग करते हुए हर पात्र और स्थिति का बड़ी बारीकी से मूल्यांकन करता है। इनकी रचनाओं में नाटकीयता नहीं है लेकिन घटनाक्रम में विविधता है कि पाठक सोचने पर मजबूर हो जाता है क्योंकि रचनाकार ऐसे अद्भुत सम्बन्धों का समायोजन करता है जो आसानी से पाठक आत्मसात नहीं कर पाता। लेकिन वह ऐसे सम्बन्धों की सत्यता का विरोध भी नहीं कर पाता। सघन, सांकेतिक और जटिल अभिव्यक्ति और दर्शन के साथ ओए अपनी रचनाओं की हद को लाँघने की कोशिश करते हैं। इसमें वह बेहतर रूप से सफल भी होते हैं। यही कारण है कि इन्हें अन्तर्राष्ट्रीय

स्तर पर साहित्यिक सृजन को एक नया आयाम प्रदान करने के अथक प्रयास और योगदान के लिए 1994 में नोबेल पुरस्कार से सम्मानित किया गया।

1935 में दूर शिकोकु के एक गाँव में जन्मे ओए जब स्कूल में थे तब जापान युद्ध में जुटा हुआ था। ओए के इस विकास-काल में ही जापान में तेजी के साथ हर क्षेत्र में बदलाव आए। सैन्यवादी और साम्राज्यवादी मनसूबे, फिर युद्ध, शर्मनाक हार, लोकतांत्रिक राजनीतिक प्रणाली की स्थापना, राष्ट्रीय पुन:निर्माण, आर्थिक तेजी और विकास - सब कुछ इतनी शीघ्रता से बदलता जाता है कि इनसान हतप्रभ और विचारशून्य एक बहाव का हिस्सा हो जाता है। ओए फिर भी ठोस जमीन पर कायम, बदलते सामाजिक परिवेश का हिस्सा होते हुए भी तटस्थ रूप से हर घटनाक्रम का मूल्यांकन करते हुए, अपना साहित्यिक सफर 1957 में *बुन्गाकुकाई* पत्रिका में प्रकाशित, एक लघु-कथा के साथ शुरू करते हैं। 1958 में इनकी लघु कहानियों का संग्रह '*शिइकू*' लोकार्पित होता है और ओए को आकुतागावा पुरस्कार से सम्मानित किया जाता है। ओए के रूप में साहित्यिक 'जीनियस' के उदय का साहित्यिक समाज खुले दिल से स्वागत करता है। इसी वर्ष पहला उपन्यास '*मेमूशिरी कोउची*' के प्रकाशन के साथ आलोचक इस नई पीढ़ी के लेखक की तुलना एक तरफ जहाँ आबे कोबो से करने लगते हैं, वहीं दूसरी ओर इबुसे मासूजी से।

ओए की रचनाओं के विषयवस्तु में तुरंत एक बड़ा परिवर्तन आता है। वह सामाजिक और राजनीतिक पहलुओं से घिरे 1959 में '*वारेरा नो जिदाइ*' की रचना करते हैं और इसी वर्ष '*योरु यो युरुयाका नी आयुमे*' साहित्यिक जगत में बवण्डर खड़ा कर देती है। जापान के सामाजिक और राजनीतिक परिवेश में युवाओं की स्थिति, उनके सपने, दिक्कतें और बदलाव के क्रम में पीछे छूट गए, हाशिए पर रहने वाले इनसान और समाज को अपनी रचनाओं में एक सघन विमर्श प्रदान कर, ओए जापानी कथा-साहित्य को एक नई दिशा प्रदान करने का सफल प्रयास करते हैं। 1965 में युद्ध और परमाणु बम के विध्वंसक परिणामों का सजीव चित्रण इनकी '*हिरोशिमा नोतो*' और '*ओकिनावा नोतो*' में

मिलता है।

इनकी सबसे जटिल और सर्वाधिक चर्चित रचनाओं में '*कोजिनतेकी ना ताइकेन*' और '*मानेन गा नेन नो फुतोबोरू*' का जिक्र आता है जिसके लिए ओए को क्रमश: 'शिनचो' साहित्यिक पुरस्कार और 'तानीज़ाकी' पुरस्कार से नवाज़ा गया। इन रचनाओं के ज़रिए ओए अन्तर्राष्ट्रीय जगत में भी अपना स्थान बनाने में सफल होते हैं।

ओए युद्धोत्तरकालीन जापान के सबसे सशक्त और प्रतिभाशाली रचनाकार हैं जिन्होंने विविध विषयों को अपनी कृति का प्रसंग बनाते हुए स्तरीय साहित्य की रचना की, जो पाठकों को सोचने के लिए बाध्य करता है। एक आलोचक ने तो यहाँ तक कहा है कि ओए की रचनाओं की गहराई और विस्तार जापानी जातिपूरकता से परे, मानवीय अस्मिता की तलाश करता है। समकालीन जापानी साहित्य पर इनका प्रभाव इतना गहरा रहा है कि युद्धोत्तर शोवा काल के अन्तिम दो दशक और उसके बाद की अवधि को 'ओए का काल' कहना गलत नहीं होगा।

अध्याय : पाँच

आधुनिक जापानी साहित्य और महिला रचनाकार

विश्व साहित्य परम्परा में इसे अगर अपवाद न भी मानें फिर भी यह कहना ग़लत नहीं होगा कि साहित्य के क्षेत्र में जापान को प्रतिष्ठा और पहचान दिलाने में महिला साहित्यकारों की अभूतपूर्व भूमिका रही है। जापान के क्लासिकी साहित्य का जब जिक्र आता है तब मुरासाकी शिकिबु की '*गेन्जी मोनोगातारी*' (गेन्जी की कहानी, 1010) के साथ फुज़िवारा मिचित्सुना की माँ द्वारा लिखी '*कागेरो निक्की*' (c. 974) और सेइ शोनागोन की '*माकुरा नो शोशि*' (c. 976) का खयाल आता है। हेइआन काल (794–1185) में उपरोक्त महिला रचनाकारों के अलावा इजुमी शिकिबु और ताकासुए नो मुसुमे का भी एक विशिष्ट स्थान है। ऐसी मान्यता है कि नारा काल (710–794) में जापान की प्राचीनतम ग्रंथ *कोजिकी* (प्राचीन विषयों का अभिलेख, 712) का संग्रह भी एक राजसेविका हियेदो नो आरे के वाचन की बदौलत ही संभव हो पाया। जापान का प्राचीन कवित संग्रह '*मान्योशू*' (759) में लगभग 130 महिला कवियत्रियों की रचनाएँ दर्ज़ हैं। '*कोकिनशू*' या '*कोकिन वाकाशू*', जिसमें विशिष्ट सामयिक रचनाओं को ही स्थान मिला, उनमें भी महिला रचनाकारों की सृजन शक्ति पुरुषों के मुकाबले किसी भी मायने में कमज़ोर नहीं नज़र आती। अपितु साहित्य की विभिन्न विधाओं में महिला साहित्यकारों ने न सिर्फ अपनी अमिट छाप छोड़ी बल्कि नई शैली,

संवेदनाओं, चिंतन, आख्यान व विमर्श से साहित्य को परिभाषित भी किया है। फिर भी महिला साहित्यकारों तथा उनकी रचनाओं को '*जोर्‌यू बुनगाकू*' (स्त्री/महिला साहित्य) या *जोर्‌यू साक्का* (स्त्री/महिला रचनाकार) का जामा पहना जापानी साहित्य परम्परा की मुख्यधारा से सर्वथा वंचित रखा गया है।

यद्यपि 'जोर्‌यू साक्का' या 'जोर्‌यू बुनगाकू' जैसी विसंगतिपूर्ण और अतार्किक वर्गीकरण के कारकों पर बहस इस आलेख का उद्‌देश्य नहीं, फिर भी इससे जुड़े कुछ महत्त्वपूर्ण पहलुओं पर ग़ौर करना अप्रासंगिक नहीं होगा।

साहित्य में महिलाओं की स्थिति को बदलते सामाजिक और आर्थिक परिवेश से अलग नहीं किया जा सकता। इतिहासकारों का मत है कि आठवीं शताब्दी के पहले महिलाओं की सामाजिक, आर्थिक और राजनीतिक स्थिति बाद के अपेक्षाकृत बेहतर थी। चौथी शताब्दी में जब जापान के राजनीतिक क्षितिज पर यामातो वंश का उदय हुआ और राजनीतिक एकीकरण की प्रक्रिया शुरू हुई तब युद्ध और तनाव की पृष्ठभूमि में सामाजिक और आर्थिक विघटन के साथ महिलाओं की स्थिति में अप्रत्याशित ह्रास होने लगा। नारा और हेइआन काल तक जापान की सामाजिक, आर्थिक और राजनीतिक व्यवस्था पर पुरुषों का एकछत्र वर्चस्व कायम हो जाता है। बौद्ध और उसके उपरांत कनफ्यूसीय धर्म-मत के आगमन के साथ महिलाओं की भूमिका घर-आँगन की चहारदीवारी में कैद होकर रह जाती है।

प्राचीन और मध्ययुग में जापानी संस्कृति, साहित्य और आध्यात्मिक चिंतन पर चीन का महत्त्वपूर्ण प्रभाव रहा है। हालाँकि देशज भाषा चीनी नहीं थी लेकिन चीनी का इस्तेमाल सरकारी, आध्यात्मिक और साहित्यिक कार्यों में करने की परम्परा वहाँ धीरे-धीरे मजबूत होती गई। देशज यामातो (*यामातो कोतोबा*) या काना पद्घति में लिखने की परम्परा को बौद्धिक दृष्टि से निम्नस्तरीय माना जाने लगा। फलस्वरूप भाषा-विभेद न सिर्फ वर्गीय-विभेद का एक महत्त्वपूर्ण कारण बना बल्कि लिंग-भेद का भी। पुरुष साधारणतः चीनी भाषा का अधिकाधिक व्यवहार करते और महिलाएँ काना पद्घति का। जाहिर है, हेइआन

काल तथा मध्ययुगीन जापान में शिक्षा समस्त जनसाधारण को उपलब्ध नहीं थी। फिर भी राजनीतिक तथा सामाजिक रूप से प्रभावशाली बने रहने के लिए या अपने राजनीतिक प्रभाव को और सशक्त करने के लिए कुलीन वर्ग ने शिक्षा पर अधिक बल दिया। चीनी भाषा, साहित्य और दर्शन का ज्ञान जहाँ हर कुलीन वर्ग के पुरुष के लिए आवश्यक था वहीं राजकीय परीक्षा पद्धति से महिलाओं को वंचित रखा गया। हेइआन काल में *वाका* या *तांका* के अलावा काना पद्धति प्रायः पुरुषों के साहित्यिक सृजन की माध्यम न बन सकी। नतीजतन पुरुष प्रायः चीनी कविताएँ रचते और महिलाएँ *वाका* या *तांका*। हालाँकि समय के साथ *वाका* के प्रभाव ने चीनी कविताओं की परम्परा पर लगभग लगाम ही लगा दी और पुरुषों ने भी *वाका* और *तांका* की रचना में बढ़-चढ़कर हिस्सा लेना शुरू कर दिया। फिर भी काना पद्धति साहित्यिक और बौद्धिक दृष्टि से 'महिला लेखनी' (ओन्ना मोजी) ही मानी जाती रही।

कुलीन वर्ग की महिलाएँ भी प्रत्यक्ष रूप से चीनी भाषा, साहित्य, दर्शन व इतिहास के अध्ययन से वंचित रहीं, फिर भी चूँकि राजमहल में विभिन्न कार्यों के लिए पढ़ी-लिखी महिलाओं का ही चयन होता था, इसलिए मध्य और निम्न तबके के कुलीन परिवारों ने अपनी बेटियों को अनौपचारिक शिक्षा प्रदान कराई। राजमहल के विभिन्न कार्यों में आसीन इन महिलाओं का राजघराने से काफ़ी नज़दीक का सम्पर्क स्थापित हो गया जिसे कुलीन परिवार के पुरुषों ने अपने राजनीतिक उद्देश्य की पूर्ति के लिए बेहिचक इस्तेमाल किया। हेइआन काल की अग्रणी साहित्यकार मुरासाकी शिकिबू, इजुमी शिकिबू, सेई शोनागोन ऐसी ही राजसेविकाएँ थीं।

सार्वजनिक, राजनीतिक और आर्थिक जीवन से वंचित तथा सामाजिक रूप से कुंठित इन महिलाओं को राजमहल के क्रिया-कलापों को जानने-समझने का मौका मिला। इनसे जुड़े अपने अनुभवों और भावनाओं का संस्मरण इन्होंने गीतकाव्य, कहानी और डायरी के रूप में रचा। ये रचनाएँ हेइआन काल की महत्त्वपूर्ण साहित्यिक उपलब्धि का प्रतीक हैं, जिन्होंने मध्यकालीन साहित्य का मार्ग प्रशस्त किया।

यद्यपि भाषा तथा लिंग-भेद का ऐसा अनूठा उदाहरण अन्यत्र कम देखने को मिलता है, फिर भी जापान में महिला साहित्य जैसी साहित्यिक विधा या श्रेणी का जन्म आधुनिक साहित्य परम्परा से ही सम्बन्धित है। अपनी अनन्त और विशिष्ट साहित्यिक उपलब्धियों के बावजूद जापानी समाज में महिलाओं की स्थिति हेइआन काल से लगातार गिरती गई। फलस्वरूप 11वीं शताब्दी के बाद और मेइजी शासन की पुन:स्थापना के मध्य तक साहित्य के क्षेत्र में महिला स्वर प्राय: लुप्त-सा हो गया। हेइआन काल के बाद सामंती व्यवस्था के विकास तथा नव-कन्फ्यूसीय मतों के प्रादुर्भाव के साथ सम्पत्ति तथा उत्तराधिकार कानून तथा व्यवस्था में आमूल-चूल परिवर्तन के कारण महिलाओं की स्थिति पुरुषों के अधीन होती चली गई। लैंगिक असमानता के लम्बे मध्ययुगीन काल में महिला रचनाकारों का स्वर प्राय: कुंठित ही रहा। एदो के आखिरी सालों में कुछ प्रयास अवश्य हुए लेकिन उनकी अभी कोई जानकारी विशेष नहीं है। एदो काल में व्यापारी वर्ग के संरक्षण में साहित्य का विकास हुआ और साहित्य जनता तक पहुँचे, इसके लिए आम लिपि काना में, उनका सृजन हुआ। क्योतो-ओसाका में फैला गेनरोकू साहित्य काल ने कला के क्षेत्र में बहुआयामी प्रगति की। इहारा साइकाकू, बाशो और चिकामात्सु जैसे रचनाकारों का उदय हुआ जिनकी छाया समकालीन जापानी साहित्य पर भी कोई कम नहीं दिखती। फिर भी कथा-साहित्य में महिलाओं का चित्रण वासना, प्रेम और वात्सल्य की परिधि के बाहर नहीं होने से महिलाओं की कोई सकारात्मक छवि इस काल में नहीं बन पाई।

मेइजी शासन की पुनर्स्थापना के साथ जापानी समाज और सरकार ने दुनिया से अपना सम्पर्क स्थापित किया। पश्चिमी ज्ञान और विज्ञान की ओर आकर्षण बढ़ा और आधुनिकीकरण की संभावनाओं की तलाश शुरू हुई। शिक्षा पर ज़ोर दिया गया, जिसका फायदा लड़कियों को भी मिला। 'अच्छी पत्नी, समझदार माँ' (र्‍योसाई केन्बो) की सरकारी नीति के तहत महिलाओं को कला, साहित्य और शिक्षा के क्षेत्र में प्रोत्साहन मिला। औरतों की घरेलू और सार्वजनिक जीवन

के मूल्यांकन के साथ-साथ सोच में भी बदलाव आना शुरू हुआ। लेकिन औरतों को मर्दों जैसा दर्ज़ा फिर भी हासिल नहीं हुआ।

इसी बदलते परिवेश में मेइजी काल के मध्य में साहित्य के क्षेत्र में एक सशक्त महिला रचनाकार का उद्‌भव होता है हिगुची इचियो के रूप में। हालाँकि मेइजी काल के प्रारम्भिक दिनों में कवियत्री ओतागाकी रेंगेत्सु (1791-1875) ने तान्का की रचना की थी। हिगुची की साहित्यिक विशेषताओं पर हम पहले ही विचार कर चुके हैं। अपनी छोटी जीवन यात्रा में हिगुची ने जापानी साहित्य की अभूतपूर्व सेवा की और पहली बार महिला चरित्र की सकारात्मक छवि कथा-साहित्य के ज़रिए पेश की।

1911 में कुछ प्रगतिशील महिलाओं ने 'सेइतो' नाम से एक स्त्रीपरक संस्था का गठन किया और जापानी समाज में महिलाओं से सम्बन्धित मुद्दों पर अपनी पत्रिका द्वारा पाठकों तक विमर्श पहुँचाना प्रारम्भ किया। मेइजी-ताइशो काल में कई महिला बुद्धिजीवी, कलाकार और सामाजिक कार्यकर्ता 'स्त्री' की पहचान और नए परिवेश में 'नई महिला' के उद्‌भव से सम्बन्धित विषयों पर गहराई से चिंतन कर रहे थे। राजनीतिक समानता की लड़ाई, विवाह और तलाक के प्रश्न, परम्परागत महिला छवि आदि पर बहस का पुरुषप्रधान जापानी समाज की ओर से काफी विरोध हुआ।

आधुनिक युग में लैंगिक समानता और पहचान के विमर्श के बीच एक बार फिर साहित्यिक सृजन की गतिविधियाँ ज़ोर पकड़ने लगीं। हिगुची के असामयिक निधन (1896) के बाद का सन्नाटा टूटा नोगामी यायेको (1885-1985) द्वारा जब इनकी पहली रचना '*होतोतोगिशू*' पत्रिका में नात्सुमे सोसेकी की अनुशंसा के बदौलत छपी। इसके पश्चात् महिला रचनाकारों ने लगातार उत्कृष्ट कृतियों द्वारा साहित्य की दुनिया में अपना स्थान बनाए रखा है। हालाँकि इस बात से इनकार नहीं किया जा सकता कि महिला रचनाकारों की कृतियों को सर्वथा 'महिला साहित्य' का दर्जा देकर, जापानी साहित्य प्रतिष्ठान 'बुन्दान' में इन्हें एक छोटा स्थान ही मिल पाया है। लेकिन 21वीं सदी के साथ शायद महिला रचनाकारों को पुरुष

साहित्यकारों के बराबर का दर्जा मयस्सर होगा – ऐसी उम्मीद है।

अगर पिछले सौ साल में महिलाओं द्वारा लिखी रचनाओं का अवलोकन करें तो यह पता चलता है कि महिला रचनाकारों ने प्रायः प्रेम के मनोवैज्ञानिक पहलू, मानवीय सम्बन्धों से उपजती भावनाओं की जटिलता और स्त्री-लैंगिकता को अपने कथा-साहित्य में प्रधानता दी है। साथ-ही-साथ इन्होंने विभिन्न सार्वजनिक विषयों पर स्त्रीपरक विमर्श प्रस्तुत किया है। युद्ध और बमों की त्रासदी, वर्गीय शोषण, महिलाओं और बच्चों का लैंगिक शोषण, गरीबी और भूखमरी, सर्वहारा और मजदूर वर्ग की समस्याएँ आदि विषयों के परिपेक्ष्य में व्यापक बहस के साथ हाशिए पर स्थित समाज की ओर पाठकों का ध्यान खींचने की चेष्टा की है। यथार्थवाद के अन्तर्गत साहित्य की सामाजिक जिम्मेदारी को अधिकतर महिला साहित्यकारों ने अपनी रचनाओं में जगह दी है। युद्ध पूर्व शोवा काल में अपना साहित्यिक सफर आरम्भ करने वाली लेखिकाएँ जैसे मियामोतो युरिको, हीराबायाशी ताइको, साता इनेको, हायाशी फुमिको आदि ने साहित्यिक सृजन को सामाजिक रूप से संवेदनशील बनाने में अपना बहुमूल्य योगदान दिया।

महिलाओं के शोषण के विषय को सशक्त रूप से उभारा है उनो चियो, फुमियो और तोमिओका ताएको ने, जिनकी महिला प्रणेता प्रायः परम्परा और सामाजिक रूढ़ियों का सीधा मुकाबला करती हुई 'स्वयं' की आजादी की घोषणा करती हैं और स्त्री, स्त्रीत्व, मातृत्व को नए ढंग से परिभाषित करती हैं। कई रचनाकारों ने असामान्य मनोवैज्ञानिक तथा अभौतिक मसलों को अपनी रचना का विषय बनाया है। परम्परा और आधुनिकता के प्रश्न का गम्भीर मूल्यांकन भी महिला रचनाकारों ने पेश किया है जिसके स्वरूप का निर्धारण पुरुष बुद्धिजीवियों ने हमेशा किया।

इस अध्याय के अगले हिस्से में कुछ चुनींदा महिला रचनाकारों की साहित्यिक यात्रा एक लघु अनुशीलन में प्रस्तुत है।

नोगामी याएको

(1885-1985)

शोवा के अन्तिम चरण तक जापान के आधुनिकीकरण और औद्योगीकरण से लेकर युद्ध की विनाशलीला के दौर से गुजर नोगामी जापान के पुनर्निर्माण की पूरी यात्रा की साक्षी रही हैं। मीठे–कड़वे तजुर्बों के साथ जिन्दगी के उतार–चढ़ाव से लगभग बेखबर नोगामी का सम्बन्ध एक् सभ्रांत परिवार से था। इन्हें बचपन से ही बेहतरीन शिक्षा मिली और बुद्धिजीवियों के बीच जीवन गुजारने का सौभाग्य प्राप्त हुआ।

नोगामी प्रगतिशील विचारधारा की महिला थी। 1911 में इनका सम्बन्ध 'सेइतो' संस्था से बढ़ा। प्रारम्भ से ही नोगामी रूसी साहित्य में महिलाओं की उभरती छवि तथा क्रान्ति के बाद रूसी समाज में उनकी तेजी से बदलती स्थिति से बहुत ही प्रभावित थी। 1913 में नोगामी ने कोवालेवस्क्या की आत्मकथात्मक उपन्यास 'राजेवस्की बहनें' के कुछ विशेष हिस्सों का जापानी अनुवाद 'सोन्या कोवालेवस्क्या' शीर्षक से प्रकाशित किया।

लघु कहानियों, बच्चों के कथा साहित्य तथा आलेखों के लिए मशहूर नोगामी का उपन्यास की दुनिया में पदार्पण हुआ 1928–30 में, जब सर्वहारा साहित्य आन्दोलन अपने चरमोत्कर्ष पर था। 'मिचिको' शीर्षक से प्रकाशित उपन्यास पर एक तरफ तो प्रगतिशील महिला आन्दोलन के रूसी और जापानी अनुभवों का प्रभाव था वहीं दूसरी ओर सर्वहारा आन्दोलन से उभरे पक्षों का योगदान भी था। 1936 में नोगामी ने 'मेइरो' शीर्षक से एक नए उपन्यास का धारावाहिक प्रकाशन किया लेकिन तत्कालीन प्रतिकूल कारणों से इसे बीच में ही त्याग देना पड़ा। 'मेइरो' का पुनर्लेखन कहीं बाद में जाकर शुरू हुआ और 1956 में खत्म हुआ। मेइरो में 1936 से 1944 के जापान का महत्त्वपूर्ण चित्रण है जिसमें युद्ध, समाज, कला, वर्ग और व्यक्ति हालात के ताने–बाने में एक–दूसरे से जुड़े जापान की परिणति के बारे में वे चिंतित हैं। नोगामी ने 1964 में 'हिदेयोशी तो रिक्यू' की रचना की जिसकी गिनती युद्धोत्तर काल

की बेहतरीन रचनाओं में की जाती है।

हायाशी फुमिको

(1903-1951)

आधुनिक जापानी साहित्य की चुनींदा महिला कथाकारों में हायाशी फुमिको का नाम बड़े सम्मान से लिया जाता है। इनका जन्म सन् 1903 में यामागुची प्रांत के एक गाँव शिमोनोसेकी शितानाकामाची में हुआ। सन् 1910 में प्रतिकूल परिस्थितियों के कारण इनकी माँ को अपने पति का घर छोड़ना पड़ा। माँ किकू और फुमिको सावाइकि साबुरो के घर रहने लगीं।

फुमिको की प्रारंभिक पढ़ाई नागासाकी में हुई। पिता का व्यवसाय एक जगह स्थिर न था। वे फेरी लगाया करते थे। इस तरह फुमिको का परिवार लगभग खानाबदोश की जिन्दगी जी रहा था। यही कारण था कि फुमिको एक ही स्कूल में एक लम्बी अवधि तक नहीं पढ़ पाईं। गरीबी और पिताजी की खानाबदोश जिन्दगी के कारण कई कठिनाइयों का उन्हें सामना करना पड़ा। जिन्दगी के अपने इन अनुभवों का जिक्र उन्होंने लगभग अपनी समस्त रचनाओं में कमोबेश किया है।

'फूकिन तो उओ नो माची' में भी हायाशी फुमिको ने अपनी ऐसी ही जिन्दगी की कहानी कही है। उस वक्त उनकी उम्र तेरह साल थी। अपने माता-पिता के साथ जब ये ओनो-मिचि में रहने लगीं तो यहीं के प्राइमरी स्कूल में दाखिला भी ले लिया। ओनो-मिचि में बिताये दिनों ने हायाशी फुमिको को एक सफल लेखिका बनाने में काफी अहम भूमिका निभाई। अध्यापक कोबायाशी की छत्रछाया में इनका रुझान साहित्य की ओर हुआ। इसी दौरान लाइब्रेरी में बैठकर इन्होंने कई किताबें पढ़ीं। विदेशी साहित्य भी इन्होंने खूब पढ़ा खास तौर पर, रूसी,

जर्मन और अंग्रेजी साहित्य।

फुमिको ने बहुत जटिल परिस्थितियों में शिक्षा ग्रहण की। खासकर उस वक्त जब लड़कियों के लिए शिक्षा प्राप्त करना बहुत मुश्किल था; इनकी माँ किकू ने इनकी पढ़ाई में केवल रूचि ही नहीं ली बल्कि इसे जारी रखने में भी काफी मदद की। अनपढ़ किकू शिक्षा के महत्व को बखूबी समझती थी और अपनी एकमात्र संतान को इससे वंचित नहीं रखना चाहती थी। पढ़ाई के खर्चे के लिए अक्सर फुमिको को काम भी करना पड़ा–कभी कारखाने में तो कभी कैफेटेरिया में।

अभी ये छोटी ही उम्र की थीं कि एक कवि इमाई तोकुसाबुरो के मार्गदर्शन में कविताएँ लिखनी शुरू कर दीं। सन् 1921 में इन्होंने 'आकीनुमा योको' नाम से सानयो निचि शिम्बुन में कविताएँ छपवाईं। सन् 1924 में कवि तोमोतानी शिजुए के साथ 'फुतारी' पत्रिका में अपनी रचनाएँ प्रकाशित कीं।

इसी दौरान इनकी मुलाकात एक सुप्रसिद्ध लेखिका हीराबायाशी ताइको से हुई और कुछ समय तक ये दोनों लेखिकाएँ साथ-साथ रहने लगीं। सन् 1926 में चित्रकार जुकार्योकु किन से इनका विवाह हुआ।

इनकी सुप्रसिद्ध रचना 'होरोकी' उपन्यास न होकर एक डायरी है, जिसमें इन्होंने अपनी भ्रमण-भरी जिंदगी के संस्मरण लिखे हैं। सन् 1928 में 'होरोकी' का एक हिस्सा 'आकी गा कितान्दा' (शरद ऋतु आ गई) के 'न्योनिन गेइजुत्सु' में छपने से जापानी साहित्य की दुनिया (बुनदान) में इनकी पहचान बनी। सन् 1930 में इसी रचना को काइजोशा ने प्रकाशित किया। इनकी यह पुस्तक इतनी बिकी कि सिर्फ रायल्टी से फुमिको चीन की यात्रा कर पाईं।

इनकी अन्य प्रमुख रचनाएँ 'नाकी मुशी कोजो' (1934), और 'उकीगुमो' (1951) हैं। सन् 1949 में 'होरोकी' के ऊपर इन्हें दाइसानकाई जोर्यू बुन्गाकुशो पुरस्कार से नवाज़ा गया।

जब अपनी लेखकीय-जिन्दगी के चरमोत्कर्ष पर थीं सन् 1951 में इस प्रतिभाशाली लेखिका का अचानक निधन हो गया।

मियामोतो युरिको

(1899-1851)

नोगामी की तरह ही युरिको का सम्बन्ध जापान के एक जाने-माने परिवार से था। युरिको 'मेइरोकु जाश्शी' के संस्थापक शिगेहासु की पौत्री थी जिनका स्थान मेइजी काल के महत्वपूर्ण चिंतकों में बड़े सम्मान से लिया जाता है। इनके पिता एक सुविख्यात वास्तुशास्त्री थे। उन्नीस साल की अवस्था में युरिको अमेरिका गईं और वहाँ कुछ समय के लिए कोलम्बिया विश्वविद्यालय में अध्ययन किया। यहीं इनकी मुलाकात आराकी शिगेरू से हुई जिनके साथ इनका प्रेम-विवाह हुआ। लेकिन 1924 में इनका तलाक हो गया।

1927 में युरिको सोवियत यूनियन गईं और 1930 में वहाँ से स्वदेश लौटने के बाद इन्होंने अखिल जापान सर्वहारा कलाकार संघ की सदस्यता हासिल की और 'हाताराकू फूजिन' (कामकाजी महिलाएँ) पत्रिका के सम्पादन का बीड़ा उठाया। इसी वर्ष जापान की कम्युनिस्ट पार्टी की भी सदस्य बनीं जहाँ इनकी मुलाकात मियामोतो केन्जी से हुई जिनके साथ 1932 में इनका विवाह हुआ।

युरिको को शांति भंग करने के इल्जाम में सरकार ने जेल भेज दिया। 1932 से 1942 के बीच इनको कई बार हवालात की हवा खानी पड़ी। कमजोर स्वास्थ्य की वजह से इन्हें जेल से मुक्ति मिली। केन्जी 1933 में जेल भेज दिए गए और बारह साल के बाद 1945 में आधिपत्य प्रशासन ने इन्हें मुक्त कर दिया।

युरिको का वामपंथी मत में विश्वास जेल की त्रासदी या पुलिस की लगातार निगरानी और व्यक्तिगत नुकसान आदि से कमजोर नहीं हुआ। तमाम पाबंदियों और मुश्किलों के बावजूद युरिको ने 'तेन्को' (मत-परिवर्तन) स्वीकार नहीं किया। लेकिन शारीरिक रूप से क्षतिग्रस्त युरिको 52 साल की उम्र में परलोक सिधार गईं।

युरिको की साहित्य यात्रा शुरू हुई 1916 में जब इनकी पहली कहानी 'माजुशिकी हितोबितो नो मुरे' (गरीबों का झुण्ड) 'चूओ कोरान' पत्रिका में छपी और त्सुबोउची शोयो जैसे आलोचकों ने इसे काफी सराहा। शिगेरू से अपनी असफल शादी और उससे पैदा हुई मनोवैज्ञानिक कठिनाइयों पर आधारित इन्होंने 'नोबुको' शीर्षक से उपन्यास की रचना की। हालाँकि 1932-1942 तक इनपर काफी पाबंदियाँ थीं फिर भी युरिको अनेक मुद्दों पर आलेख लिखती रहीं। 1948 में इनके आलेखों के संग्रह 'फुजिन तो बुनगाकू' (महिलाएँ और साहित्य) के प्रकाशन से युरिको के बहुआयामी, स्वतंत्र, निष्पक्ष और सशक्त सोच व व्यक्तित्व का पता चलता है। पति केन्जी से बारह साल की लम्बी जुदाई के दौरान पत्रों का जो सिलसिला दोनों के बीच शुरू हुआ, उसे 1951 में 'ज्यूनिनेन नो तेगामी' (बारह साल के पत्र) शीर्षक से प्रकाशित किया गया।

1947 में युरिको ने दो बहुचर्चित उपन्यास लिखे 'बांशु हेइया' (बांशु मैदान) और 'फूचीसो' (मौसमी पौधा)। युरिको ने कई साहित्यिक संस्थाओं की स्थापना की और उनकी गतिविधियों से जुड़ी रहीं। जिनमें 'शिन निहोन बुनगाकु काई' और 'फुजिन मिनशू कुराबू' (लोकतांत्रिक महिला सभा) प्रमुख हैं।

सर्वहारा साहित्यिक आन्दोलन में अभूतपूर्व योगदान के अलावा युरिको का सारा जीवन गरीबी, साम्प्रदायिकता, शोषण और युद्ध के खिलाफ लड़ने में ही बीत गया। इनकी रचनाएँ बहुधा आत्मकथात्मक हैं लेकिन विषय के बहुआयामी संदर्भ पर सशक्त विमर्श इनकी रचनाओं में मिलता है। 'नोबुको' में उपन्यास की नायिका को अपने पहचान की तलाश है, तो 'बांशु मैदान' में परमाणु बम और अमानुषिक युद्ध का संदर्भ व्यापक रूप से उभर कर आता है।

साता इनेको

(1904-1998)

साता इनेको का जन्म 1904 में नागासाकी शहर के याओया गाँव में हुआ। पिता ताजिमा मासाफुमी और माँ युकी की ये पहली संतान थी। मासाफुमी बचपन से बड़े होनहार एवं तरह-तरह की कलाओं के मालिक थे। साता इनेको की माँ बहुत सुंदर थी। परन्तु 15 साल की कच्ची उम्र में शादी हो जाने से वह रोगग्रस्त हो गईं। दो बच्चों की माँ और पत्नी की जिम्मेदारियों को निभाने की भी ताकत शरीर में न रही और एक दिन वह इस दुनिया से चल बसीं। पिता ने दूसरी शादी कर ली तो कुछ समय के लिए इनेको की देखभाल दादी ने की।

साता इनेको, जो खुद अभी बच्ची थी और जिसकी पढ़ाई-लिखाई की जिम्मेदारी माँ-बाप के ऊपर होती, वह स्वयं ही माँ-बाप सहित पूरे परिवार का बोझ अपने सिर पर उठाने को मजबूर हो गई।

सन् 1915 में इनेको चाचा साता हिदेओ के घर पर रहने लगीं। परिवार की आर्थिक हालत ठीक न होने के कारण 11 साल की उम्र में ही पाँचवी कक्षा की छात्रा को मजबूरन स्कूल छोड़ कैरैमल कारखाने में नौकरी करनी पड़ी। इनेको जब 16 वर्ष की थीं तो पिताजी की तीसरी शादी योत्सु नामक महिला से हुई। उपमाता योत्सु दिखने में सुन्दर तो न थी परन्तु सुशील एवं नेक स्वभाव की थी। माँ योत्सु ने भी इनेको को पढ़ने के लिए प्रोत्साहित किया।

इनेको के चाचा साता हिदेओ ने इनका सबसे अधिक हौसला बुलंद किया तथा पढ़ाई के प्रति जागरूक किया। चाचा अक्सर इनेको को लाइब्रेरी ले जाया करते थे। चाचा की रुचि भी कला और साहित्य में होने की वजह से इनेको को काफी मदद मिली। संक्षिप्त में कहा जाए तो साता इनेको को एक सुप्रसिद्ध लेखिका बनाने में चाचा का बहुत बड़ा योगदान है।

सन् 1924 में ये 'कोर्योकु' कॉफी-हाउस में काम करने लगीं। वहाँ

'रोबा' नामक साहित्यिक पत्रिका से जुड़े नामी हस्तियों; जैसे – नाकानो शिगेहारू, कुबोकावा त्सुरुजिरो, होरि तात्सुओ का नियमित रूप से आना-जाना होता था। इसी दौरान इनका परिचय कुबोकावा त्सुरुजिरो से हुआ। बाद में कुबोकावा से इनका विवाह भी हुआ।

सन् 1929 में इनेको जापान सर्वहारा लेखक संघ में शामिल हो गईं और यही वह वक्त था जब इन्होंने 'कैरैमल कारखाना' नामक लघु उपन्यास की रचना की।

उसके बाद इन्होंने एक के बाद एक कई उपन्यास और कहानियाँ लिखीं। सन् 1930 में बहुचर्चित लघु उपन्यास 'कुरेनाइ' प्रकाशित हुआ। इस उपन्यास में इनके अपने असफल वैवाहिक जीवन की कहानी है। सन् 1949 में इनका 'वाताशिनो तोक्यो चीजु' (मेरा तोकियो मानचित्र) छपा। सन् 1962 में इन्होंने 'ओन्ना नो यादो' (औरत का घर) नामक उपन्यास लिखा और इन्हें 'जोर्‌यू बुनगाकु शो' नामक महिला लेखन पुरस्कार से सम्मानित किया गया। सन् 1972 में 'जुएई' (पेड़ की परछाईं) कोदांशा से प्रकाशित होने पर इन्हें 'नोमा बुन्गेइ शो' नामक पुरस्कार प्रदान किया गया। सन् 1985 में 'त्सुकी नो एन' (चाँद की दावत) छपी और उसके अगले साल ही 'योमीयुरी बुन्गाकु शो' का सम्मान इन्हें हासिल हुआ।

नाकानो शिगेहारू जैसे विद्वानों से संपर्क में रहने वाली साता इनेको स्कूल की पढ़ाई भी पूरी न कर पाईं और छोटी उम्र में ही नौकरी के जंजाल में उलझने को मजबूर हो गईं। 'कैरैमल कारखाने से' की दुनिया उनकी अपने कड़वे अनुभवों की दुनिया है। आज विकसित जापान के बच्चे कभी कल्पना भी नहीं कर सकते कि सत्तर साल पहले के जापान में बच्चों को अपना और परिवार का पेट पालने के लिए तरह-तरह के जोखिम उठाने पड़ते थे। यह कहानी इस सच्चाई का जीवंत चित्रण है। बाल-श्रमिक की भावनाओं, संवेदनाओं और पीड़ाओं को अभिव्यक्त करने का मौका पाते ही इनेको का हृदय उन हर-एक पल को पुनः जीने को उमड़ पड़ा। 'कैरैमल कारखाना', जहाँ से इनेको की कामकाज़ी जिन्दगी की शुरुआत हुई, उसी की दास्तान ने इनको बुनदान (जापानी साहित्य संसार) के दहलीज़ पर ला खड़ा किया।

हीराबायाशी ताइको

(1905-1972)

सर्वहारा साहित्य के आन्दोलन तथा वामपंथी गतिविधियों में सक्रिय हीराबायाशी ताइको का जन्म नागानो में एक किसान परिवार में हुआ। उन्नीस वर्ष की आयु में समाजवादी लेखन से इनका परिचय हुआ और इन्होंने विद्यालय त्याग अपना अधिकतर समय सर्वहारा आन्दोलन में लगा दिया। इनकी राजनीतिक गतिविधियों की वजह से ताइको को कई बार हवालात के चक्कर भी लगाने पड़े। ताइको को तोक्यो छोड़ने का आदेश मिला और वह अपने मित्र और प्रेमी साकाई तोशिहिको के साथ कोरिया और मंचूरिया के भ्रमण को निकल पड़ी। इसी दौरान इन्होंने एक बच्चे को जन्म दिया जो शैशवावस्था में ही चल बसा। ताइको ने अनुभवों का दास्तान रचा 'सेर्योशित्सु नी ते' (खैराती अस्पताल में) में, जिसके लिए 1927 में ताइको को सम्मानित किया गया।

1926 में सर्वहारा कला सभा की सदस्य बनीं और अगले वर्ष कोकोरी जिन्जी से विवाह किया। 1938 तक ताइको सर्वहारा साहित्य के सृजन में डूबी रहीं। आठ महीनों के कारावास के दौरान यक्ष्मा से ग्रसित हो 1946 तक लिख न सकीं। फिर साहित्य की दुनिया में इनकी वापसी हुई 'सेकाई बुन्का' में प्रकाशित कहानी 'दृष्टिहीन चीनी सैनिक' से।

ताइको वामपंथी विचारों के होने के बावजूद साहित्यिक कला को राजनीतिक उद्देश्य के हाथों की कठपुतली मानने के खिलाफ थीं। कम्युनिस्ट पार्टी और शिन निहोन बुन्गाकुकाई की सदस्यता त्यागने के पीछे यही वजह थी। युरिको के साथ इनके अनबन भी इसी विचार को लेकर थे। अराजकतावादी संगठनों और साथियों से इनके आरम्भिक सम्बन्ध, वामपंथी और सर्वहारा आन्दोलन में इनकी शिरकत और लम्बी बीमारी के दौरान आत्मचिंतन ने ताइको की सृजनशक्ति को लगातार निखारा। इनकी रचनाओं में साम्राज्यवादी, सैन्यवादी और अराजकतावादी ताकतों का विरोध है और साथ में ऐसे मतों का भी जो राष्ट्रवादी उद्देश्यों

की प्राप्ति के लिए मानवीय मूल्यों का हनन करती हैं। अपनी 1935 की 'साकुरा' (चेरी मंजरी) में इसी विषय का अभूतपूर्व नियोजन ताइको करती हैं। इनकी अन्य बहुचर्चित रचनाओं में 'शूसेन निक्की', 'को इउ ओन्ना', 1446, 'वाताकुशी वा इकिरू', 1947 और 'तेत्सु नो नागेकी', 1969 हैं। 'को इउ ओन्ना' (ऐसी औरतें) के लिए इन्हें महिला साहित्यिक सम्मान से नवाजा गया।

एन्ची फुमिको

(1905-1986)

एन्ची उन प्रतिभाशाली रचनाकारों में से हैं जिन्होंने मानवीय भावनाओं और आन्तरिक उद्वेग का मनोवैज्ञानिक विश्लेषण अपनी रचनाओं में किया है। साहित्य और कला के विभिन्न पहलुओं से जुड़ी एन्ची जापानी साहित्य के एक प्रबुद्ध विचारक की पुत्री थीं। इन्होंने पाश्चात्य और प्राच्य साहित्य का गहरा अध्ययन किया और रंगमंच से भी जुड़ी रहीं। अपनी साहित्यिक यात्रा इन्होंने नाटक से आरम्भ की और कथा-साहित्य की दुनिया में विवाहोपरांत कदम रखा। 1939 में प्रकाशित लघु कथाओं के संग्रह 'काजे नो गोतोकि कोताबा' के बाद एक लम्बे समय तक की खामोशी का अन्त 1953 में हुआ जब 'हिमीजी टिबी' (भूखे दिन) छपी। इस रचना के लिए एन्ची को महिला साहित्य पुरस्कार से सम्मानित किया गया।

एन्ची की जैसी साहित्यिक पकड़ और विस्तार का दूसरा उदाहरण कम ही देखने को मिलता है। और जब इसका साथ सशक्त भाषा, चिंतन और ऐसी पैनी नजर का हो, जो भावनाओं और अवचेतन की गहराई तक गोता लगा सके, तो सोने पर सुहागा का काम होता है। एन्ची की प्रतिभा ऐसी ही थी। इनकी गणना उन प्रभावशाली व्यक्तित्व वाले साहित्यकारों में होती है जिन्होंने पुरुष प्रधान जापानी साहित्यिक व्यवस्था

की हर सम्भव सीमाओं को लांघा और महिला स्वर के प्रति संवेदनशील बनाया। इनकी इस लगातार कोशिश के बदौलत ही 1970 में एन्ची को कला आकादमी का सदस्य बनाया गया।

इनकी बहुचर्चित रचनाएँ 'यो', (1957) और 'ओन्नजाका', (1957) हैं। 'ओन्नाजाका' के लिए इन्हें नोमा पुरस्कार प्रदान किया गया। अपने सक्रिय लेखन काल में एन्ची ने बहुसर्जक व्यक्तित्व का परिचय दिया है। इनकी बाद की रचनाओं में 'युकि मोए' (दहकता बार्मए 1977), 'शोकुताकु नो नाइ इस' (बिना डाइनिंग टेबुल का घर, 1979) और 'कारासू गिदान' (काँबों की अनौपचारिक बातचीत, 1981) प्रमुख हैं।

आरीयोशी सावाको

(1931-1984)

जापान में ही नहीं बल्कि समस्त विश्व में, विशेषकर पाश्चात्य देशों में सम्पूर्ण और सहज कथा वाचक के रूप में मशहूर आरीयोशी सावाको युद्धोत्तर जापान की सशक्त साहित्यकार हैं। इनकी रचनाओं के अनुवाद विभिन्न युरोपीय भाषाओं में हो चुके हैं। आरीयोशी की साहित्यिक प्रतिभा का एहसास आलोचकों को इनकी पहली रचना 'राकूयो नो मित्सुगी' के प्रकाशन के साथ 1954 में ही हो गया। इनका पहला उपन्यास 'जियुता' बुनगाकु काई और 35वें आकुतागावा पुरस्कार के लिए मनोनीत हुआ। कथा-साहित्य के अलावा आरीयोशी ने अनगिनत नाटकों की भी रचना की और इनकी कहानियों पर चलचित्र और टेलीविज़न धारावाहिक तैयार किए गए हैं।

हालाँकि जापान में 'आई नोवेल' (आत्मकथात्मक) रचनाओं और चिन्तनशील उपन्यास (शिनक्यो शोसेत्सु) का विशेष प्रचलन रहा है फिर भी आरीयोशी ने इन परम्परागत शैलियों से विलग एक नवीन शैली अपनाते हुए यथार्थ और कल्पना का ऐसा खूबसूरत संयोग पिरोया है कि पाठक

स्वत: कहानी की धारा का हिस्सा बन जाता है। कहानियों में नाटकीय प्रसंग सहज रूप से आते-जाते रहते हैं लेकिन लेखिका कभी भी पात्रों पर अपनी पकड़ ढीली नहीं होने देती है। फंतासी का प्रयोग पात्रों के लिए यथार्थ से भागने का जरिया नहीं बल्कि पाठक के लिए चिंतन का साधन है। सत्य और साक्ष्य की प्रमाणिकता से अधिक आरीयोशी जीवन की सामान्य संभावनाओं के प्रति ज्यादा जागरुक नजर आती हैं।

इनकी बहुचर्चित कृति 'जियुता' में जहाँ कला की दुनिया में पिता और पुत्री के आपसी सम्बन्ध और भावनाओं का चित्रण है वहीं 'की नो कावा' (1959) में तीन पीढ़ियों से एक दूसरे से जुड़ी तीन महिलाओं की कहानी है, जिसमें बदलते सामाजिक परिवेश पर गहन विमर्श देखने को मिलता है। 'की' नदी की निर्मल धारा और महिला जीवन की जटिलताओं पर आधारित किसी वर्ग, सम्प्रदाय या मत विशेष की नहीं बल्कि समस्त मानवता की कहानी है लेकिन इसमें जापानी संस्कृति और सोच को यथोचित स्थान मिला है

जहाँ हिगुची इचियो की असहाय नायिका समाज और परम्परा के ताने-बाने से स्वयं को मुक्त नहीं कर पाती है या एन्ची की नायिका आजादी की तलाश में कल्पना के सागर में डूबकी लगा रही होती है वहीं आरीयोशी की नायिका परम्परा और आधुनिकता के बीच संतुलन बनाती हुई मानवीय सृजन की प्रक्रिया में क्रियाशील है। वह गूंगी या असहाय नहीं है। वह अपनी पहचान बनाती है और सम्मान के साथ जीना जानती है।

त्सुशिमा यूको

(1947–)

समकालीन जापानी समाज में उठते ज्वार तथा परम्परा को नकारती, पुरुषों के रोष का मुकाबला करती अकेली कामकाजी स्त्री, एक अनब्याही माँ, जो जीने को ललायित हर मुश्किलों को झेलती हुई मातृत्व और स्त्रीत्व को एक नई परिभाषा प्रदान करती है वह है त्सुशिमा यूको, जिसकी सशक्त और नवीन कथाशैली से आज का हर पाठक परिचित है। दाजाई ओसामू की यह बेटी अपने पिता की छाया से वंचित तो रही लेकिन साहित्यिक प्रतिभा में पिता से कहीं अधिक प्रभावाशाली है, ऐसा आलोचक मानते हैं।

त्सुशिमा की निजी जिन्दगी में अगर दाजाई जैसे भटकाव नहीं थे तो भी उतार-चढ़ाव कोई कम नहीं रहे। बचपन में भाई से बिछुड़ना, पति से तलाक, अकेली दो बच्चों का लालन-पोषण, बेटे की बाल्यावस्था में दुर्घटना से मौत आदि ने त्सुशिमा के व्यक्तित्व को कहीं मलिन नहीं होने दिया।

त्सुशिमा सिर्फ एक साहित्यकार नहीं, आलोचक भी हैं। अनुवाद और शोध कार्यों में जुटी साहित्य की विशेषज्ञ मानी जाती हैं।

साहित्य के संसार में इनका पदार्पण हुआ 1960 के दशक में जब इनकी लघु कहानियाँ 'आरू तांगो' (एक जन्म, 1968) और 'रिक्वायमु : इनु तो ओतोना नो तामे नी' (एक कुत्ते और वयस्क का शोक-गीत, 1969) को पाठकों ने बहुत सराहा। 'मिगुसा नो हाहा' (घास के घर की माँ, 1975), 'कुसा नो फुशिदो' (घास का बिस्तर, 1977) और दानमारी इचि' (गूंगे व्यापारी, 1984) पुरुषप्रधान जापानी समाज के बीच वार्तालाप है जिसमें सामाजिक मूल्यों और दिखावे पर करारी चोट भी है। 1978 में प्रकाशित 'चोजी' एक अनब्याही स्त्री की मनोवैज्ञानिक अवस्था से पाठकों को रू-ब-रू करता है - जिसकी नायिका को यह

भ्रम है कि उसके पाँव भारी हैं। जब वह बच्चे को पैदा करने का संकल्प लेकर अस्पताल जाती है तो उसे बताया जाता है कि उसका गर्भ खाली है। यथार्थ और कल्पना के बीच स्त्री जीवन की विडम्बना का एक अनूठा उदाहरण है यह उपन्यास। त्सुशिमा आज भी सृजन में व्यस्त हैं।

अध्याय : छह

बाल साहित्य

प्राचीनकाल से ही जापानी बाल-साहित्य में आख्यान साहित्य (*सेत्वा बुन्गाकु*) का बोलबाला रहा है। जैसे '*निहोन र्‌याइकी*' (1810-1824), '*कोन्जाकू मोनोगातारी*' (बारहवीं शताब्दी), '*उजिशूई मोनोगातारी*' (बारहवीं एवं तेरहवीं शताब्दी)।

चीन और भारत से जापान पहुँचे किस्से, कहानियों के अलावा जापान की कहानियाँ भी बाल साहित्य में शामिल हैं। इनमें राजा-रानियों से लेकर आम लोगों की जिंदगी, रीति-रिवाज एवं विश्वासों से सम्बंधित कहानियाँ हैं। '*कोन्जाकू मोनोगातारी*' में भारत की पंचतंत्र के अलावा अनेको कहानियाँ भी शामिल हैं जो बौद्ध धर्म के द्वारा चीन के रास्ते जापान पहुँची। इन सभी कहानी संग्रहों में बौद्ध-धर्म के प्रति आस्था एवं विश्वास पर जोर दिया गया है। नैतिकता की कहानियाँ तो शामिल हैं ही, हास्य एवं व्यंग्यात्मक लोक-कथाएँ भी शामिल हैं।

मुरोमाची काल (1334-1573) में '*ओतोगी जोशी*' (परी कथा) संग्रह छपा जो बाद में एदो काल की '*काना जोशी*' और '*उकियो जोशी*' कहानी संग्रहों का आधार बनी। 'काना जोशी' एवं '*उकियो जोशी*' आम जनता के नैतिक मूल्यों को ध्यान में रखते हुए सरल भाषा में लिखी गई कहानियाँ हैं। जहाँ *ओतोगी जोशी* में मनोरंजक कहानियाँ ज्यादा शामिल हैं वहीं बाद की दो शृँखलाओं में गंभीर कहानियाँ।

मेइजी काल में बच्चों के साहित्य को नए ढंग से लिखने की कोशिशें हुईं। हालाँकि ज्यादातर लेखकों ने लोककथाओं और पुरानी

गाथाओं को ही आधार बनाकर बच्चों के लिए लिखा। 1919 में सुजुकी मिचे किची द्वारा स्थापित '*आकाई तोरी*' पत्रिका ने बच्चों के साहित्य को एक ठोस रूप दिया। इसमें उस समय के ज्यादातर दिग्गज लेखकों; जैसे–शिमाजाकी तोसोन, ओगावा मिमेई, नीइमी नानकिची, आकुतागावा र्‌यूनोसुके, आरिशिमा ताकेओ आदि लेखकों ने बच्चों के लिए लिखना अपना दायित्व समझा।

ओगावा मिमेई

(1882-1961)

ओगावा मिमेई का जन्म 7 अप्रैल, सन् 1882 में नीईगाता प्रांत के तानाकी गाँव में हुआ। इनकी कहानियों में प्रकृति, दंतकथा तथा परी-कथाओं का अच्छा मिश्रण है। मिमेई ने कई उपन्यास, कहानियाँ एवं कविताओं की रचना की।

इनका मन हमेशा बच्चों के लिए लिखने को ललायित रहता था। सुप्रसिद्ध आलोचक कोनो तोशिरो का मानना है कि मिमेई हमेशा बच्चे बने रहना चाहते थे। अगर बच्चे बने रहना संभव न हो पाया तो बच्चों की तरह सुन्दर मनोवृत्ति और उनकी काल्पनिक दुनिया को हमेशा अपने पास सँजोये रखना चाहते थे। इस बात को इन्होंने अपने जीवन का उद्देश्य बनाया। सचमुच वे ऐसे विलक्षण लेखक थे कि काल्पनिक दुनिया का सहारा लेकर बच्चों के लिए एक के बाद एक दिलचस्प कहानियाँ लिखते गए।

ओगावा मिमेई समाज में बुराई और पक्षपात को सह नहीं पाते थे। उनका मन स्वार्थपरायणता को देख उद्विग्न हो विरोध करने लगता। इनकी रचनाओं में घृणास्पद समाज को यथासम्भव सुन्दरता में बदलने की कोशिश की गई है।

मिमेई का मानना था कि मानव-विकास के लिए प्राकृतिक सौंदर्य

के विनाश को ज्यादा दिनों तक टाला नहीं जा सकता। धरती पर बदलाव तो आना ही है।

इनकी मुख्य रचनाएँ 'जलपरी' (*आकाइ रोसोकु तो निन्यो*, 1921), 'जंगली गुलाब' (*नो बारा*, 1922), 'उनींदा शहर' (*नेमुई माची*, 1915), 'सोने का चक्र' (*किन नो वा*, 1919) एवं 'चाँदनी रात और चश्मा' (*त्सुकियो तो मेगाने*, 1922) हैं।

'जलपरी' में एक ऐसे मनुष्य की परिकल्पना है जो स्वार्थ, लालच और घिनौनेपन से दूर, स्वच्छ, निःस्वार्थ और कोमल भावनाओं से भरा है। इस कहानी में 'जलपरी' की माँ ने ऐसे ही मनुष्य-जीवन की कामना की है, जिसकी वजह से वह अपने हृदय के टुकड़े को धरती यानी मनुष्यों की दुनिया में छोड़कर चली जाती है।

सौंदर्य की तलाश के कारण इनकी रचनाओं में कभी काल्पनिक दुनिया, तो कभी मृत्यु की कल्पना भी प्रकट होती है।

उनकी रचनाओं में कमजोरों के प्रति दया, सहानुभूति, गरीबों के प्रति संवेदना और हमदर्दी, पक्षपात के प्रति गुस्सा, न्यायसंगत एवं नेक चीजों को अपनाने, लागू करने की हिम्मत, सुंदरता से लगाव, आजादी का सम्मान एवं नवीन युग के निर्माण की आकांक्षा के भाव कूट-कूट कर भरे हैं।

त्सुबोता जोजी

(1890-1982)

त्सुबोता जोजी का जन्म 1890 में ओकायामा प्रांत के शिमादा गाँव में हुआ। जोजी ओगावा मिमेइ को अपना गुरु मानते थे लेकिन जोजी का साहित्य ओगावा मिमेई से काफी हद तक अलग है।

मिमेई का सम्बन्ध उत्तरी जापान के ठण्डे प्रदेश से था। उनकी परवरिश एक गरीब तथा पिछड़े परिवार में हुई थी। त्सुबोता जोजी संपन्न परिवार में पैदा हुए और सदाबहार आबो-हवा

में साँस लेते रहे। इनका बचपन बहुत खुशहाल था। इसीलिए ओगावा मिमेई के साहित्य में अगर गरीबी और उत्तर में पैदा होने का क्षोभ एवं उदासी झलकती है तो त्युबोता जोजी की रचनाओं में हमेशा बसंत की हवा, चहल-पहल, हँसते-खेलते, फलते-फूलते बच्चे, हरे-भरे खेत व मैदान देखने को मिलते हैं।

ओकायामा के प्राकृतिक सौंदर्य तथा आबो-हवा से जोजी पूरी तरह प्रभावित थे। सपने और वास्तविक दुनिया के बीच तालमेल के साथ स्थानीय रीति-रिवाज, खेत-खलिहानों की जिन्दगी का बहुआयामी चित्रण इनकी रचनाओं में मिलता है। शहर में घुटन महसूस हुई नहीं कि तुरन्त ये गाँव पहुँच जाते थे। त्सुबोता जोजी की रचनाओं के मुख्यपात्र अक्सर बालक एवं बूढ़े होते हैं। ये शहर में रहते हुए भी लगातार ग्रामीण इलाकों का भ्रमण करते रहते थे। हरेक चीज को बारीकी से देखना और उन पर चिंतन करना उनकी आदत थी।

उत्साह और उमंग के बीच त्सुबोता जोजी ने जीवन के गंभीर पहलुओं पर भी गौर किया। इनकी मुख्य रचनाएँ हैं: शोता का घोड़ा (शोता नो उमा, 1926), शोता और भाप इंजन (शोता तो किशा, 1927), जादू (माहो, 1935), कित्सुने तो बुदो (लोमड़ी और अंगूर, 1948)।

हामादा हिरोसुके

(1893-1973)

जापान के श्रेष्ठ आधुनिक बाल साहित्यकार हामादा हिरोसुके ने प्राचीन कथाओं को अपनी सरल शैली और अपने विशिष्ट अनुभवों से जोड़ नए सिरे से लिखने का सफल प्रयास किया है। इनकी कहानियों में मानवीय दुर्बलताओं की बजाय सत्य, शान्ति, सद्भाव और सहयोग की साधना का संदेश विद्यमान है।

हामादा हिरोसुके यथार्थवादी लेखक हैं। ये आँखों से दिख न पाने वाली वस्तु को भी बड़े

सलीके से कल्पनाओं के जरिए ठोस स्वरूप देने में सर्वथा सफल रहे हैं। जहाँ ओगावा मिमेइ बच्चों को बड़ों की दुनिया से दूर एक खयाली दुनिया की सैर कराते हुए अपने रूमानी दृष्टिकोण का प्रभावशाली चित्रण करते हैं, वहीं हामादा हिरोसुके बच्चों के भोलेपन के चित्रण में बच्चों के ही स्वभाव और शब्दों का सहारा लेते हैं। वस्तुस्थिति को उसके यथार्थ रूप में व्यक्त करने का यही इनका रोमांचक तरीका है।

हामादा हिरोसुके का जन्म 1893 में यामागाता प्रांत के याशिरो गाँव में हुआ। बचपन से ही लोक-कथाओं एवं परी-कथाओं में इनकी रुचि थी। इनकी मुख्य रचनाएँ हैं: '*नाइता आका ओनी*' (राक्षस फूट-फूटकर रोया, 1933), '*हानाबिरानोताबी*' (पँखुड़ी की यात्रा, 1919), '*आरुशिमा नो खित्सुने*' (एक द्वीप की लोमड़ी, 1924) एवं '*र्‌यूनो में नो नामिदा*' (ड्रैगन के आँसू, 1923)।

इनकी कहानियों के पात्र ज्यादातर जानवर हैं। संवेदना एवं मानवता को जहाँ 'एक द्वीप की लोमड़ी' में लोमड़ी के जरिए दिखाया गया है, वहीं 'राक्षस फूट-फूटकर रोया' में राक्षस के दिल में मानव-प्रेम बखूबी दर्शाया गया है। इन दोनों कहानियों में ऐसे पात्र लिए गए हैं, जिनकी छवि बच्चों के मन में या तो भय पैदा करती है या धोखा और अविश्वास। परन्तु प्रस्तुत कहानियों में ये दोनों बातें मौजूद नहीं हैं। इन कहानियों में राक्षस दुष्ट न होकर नेक है और लोमड़ी के व्यवहार से मासूमियत और इन्सानियत झलकती है।

मियाजावा केन्जी

(1896-1933)

मियाजावा केन्जी का जन्म सन् 1896 में इवाते प्रांत के हानामाकी शहर में हुआ। पिता सेइजिरो और माँ इचि के ये ज्येष्ठ पुत्र थे। इनके पिता जाने-माने साहूकार थे। छोटी बहन तोशी से काफी लगाव था। बहन की बीमारी की वजह से कुछ समय के लिए इन्हें घर पर रहना पड़ा और मजबूरन अपनी इच्छा के विरुद्ध पुश्तैनी धंधे में भी हाथ बँटाना पड़ा। सन् 1921 में हानामाकी कृषि विद्यालय में इन्हें शिक्षक की नौकरी मिली। सन् 1922 में बहन तोशी की मृत्यु से काफी गहरा सदमा पहुँचा। सन् 1924 में इन्होंने '*हारु तो शुरा*' कविता-संग्रह एवं '*च्यूमोन नो ओइ र्योरितेन*' को प्रकाशित किया।

बचपन से ही इन्हें गरीबों को काफी नजदीक से देखने का मौका मिला। संपन्न घर से सम्बन्ध रखने के बावजूद, गरीब किसानों की पीड़ा इनसे देखी न जाती। ये हमेशा सोचते: 'आखिर इतना मेहनत करने पर भी ये लोग गरीब क्यों हैं?' ये किसानों की मासूमियत, निष्ठा और ईमानदारी से भरी जिन्दगी से प्रभावित थे, इसलिए उनके लिए कुछ करना चाहते थे। 1926 में इन्होंने कृषि विद्यालय की नौकरी छोड़ अपना पूरा समय कृषि और किसानों के उत्थान में लगाने का संकल्प किया। इसी उद्देश्य से इनके द्वारा गाँव-गाँव में मुफ्त 'कृषि उर्वरक कार्यालय' खोले गए। लगभग दो हजार पुस्तकें भी कृषि से सम्बन्धित इन्होंने लिखीं। ये घूम-घूमकर किसानों की परेशानियाँ सुनते और सलाह देते रहते। संक्षेप में कहा जाए तो केन्जी ने कृषि और किसानों के लिए अपने-आप को पूरा समर्पित कर दिया। ऐसे ही हालात में सन् 1928 में इन्हें निमोनिया ने धर दबोचा। बीमारी धीरे-धीरे भयंकर रुख अख्तियार करती गई और अंतत: केन्जी ने बिस्तर पकड़ लिया। 1933 में इनका स्वर्गवास हो गया।

इनकी रचनाओं में प्रकृति और जानवरों का मनुष्यों से ताल-मेल और सद्भाव से रहने का संदेश देखने को मिलता है। ये रचनाएँ

काल्पनिक दुनिया की सैर कराते हुए भी वास्तविक प्रतीत होती हैं। इनकी अन्य मुख्य रचनाएँ हैं, '*गिन्गातेत्सुदो नो योरू*' (आकाशगंगा वाली रात, 1931-1932), '*सेरो हिकी नो गोश*' (वायलिन बजाता गोश, 1931-32)।

नीइमी नानकिचि

(1913-1943)

नीइमी नानकिचि ने, जिनका असली नाम शोहाची था, अपनी कहानियों में दो प्रकार के मनुष्यों को चित्रित किया है - सदाचारी तथा दुराचारी। हर कहानी के अन्त में बुरे व्यक्ति का अच्छे व्यक्ति में परिवर्तित होना नानकिचि की कहानियों की खासियत रही है। इनकी बहुचर्चित कहानी 'पाँच चोर' में चोरों के सरदार का आत्मचिंतन एक अविस्मरणीय एहसास छोड़ जाता है:

"मुझ जैसे चोर पर आज किसी ने विश्वास किया है तो यह बछड़ा और वह बच्चा। ओह, इस विश्वास में कितनी खुशी है, आज मुझे मालूम चला!"

मजेदार बात यह है कि 'पाँच चोर' में चोरों के सरदार का अगर हृदय-परिवर्तन हुआ तो वह भी जानवर के जरिए। मनुष्यों पर भरोसा एवं विश्वास करना भी जानवरों के द्वारा दर्शाया गया है। ऐसा ही कुछ 'दस्ताने' में भी देखने को मिलता है; 'दस्ताने' में बच्चा-लोमड़ी और 'पाँच चोर' में गाय का बछड़ा - इन दोनों का मनुष्यों के प्रति डर या खौफ़ से बेखबर होना बच्चे के स्वच्छन्द एवं निर्मल हृदय की ओर इशारा करता है।

नीइमी का जन्म 1913 में, आइची प्रांत के हान्दा नामक गाँव में हुआ। माँ की मृत्यु के बाद ह्योजु का अकेलापन और कष्ट नानकिचि की जिन्दगी से मेल खाते प्रतीत होते हैं। नानकिचि जब चार साल के

ही थे तो इनकी माँ का देहान्त हो गया और ननिहाल वालों ने इन्हें गोद ले लिया था। तभी से इनका नाम नानकिची पड़ गया।

जानवरों के जरिए मनुष्य को दोस्ती, सद्भावना, पश्चाताप आदि का अहसास कराने में कहीं न कहीं नीइमी नानकिचि और मियाजावा केन्जी के लेखन में समानताएँ दिखती हैं। बस, यूँ मानें कि जहाँ नीइमी नानकिचि में दक्षिण जापान के गाँव की छवि नज़र आती है, वहीं मियाजावा केन्जी में उत्तरी जापान के गाँव की झलकियाँ देखने को मिलती हैं।

इनकी मुख्य रचनाएँ हैं: गोन लोमड़ी (*गोन गित्सुने*, 1932), दस्ताने (*तेबुकुरो ओ काई नी*, 1933), दादा जी की लालटेन (*ओजीसान नो राम्पु*, 1942), पाँच चोर (*हाना नो किमुरा तो नुसुबितोताची*, 1933)।

जापान के बाल-साहित्य पर नानकिचि का प्रभाव इतना गहरा रहा है कि बाल-साहित्य का सर्वश्रेष्ठ पुरस्कार भी इनके नाम से नवाज़ा जाने लगा।

शिमाजाकी तोसोन

(1872-1943)

शिमाज़ाकी तोसोन ने लोककथाओं की मौखिक परंपरा को काफी महत्व दिया। इनके साहित्य में आम लोगों की एवं ग्रामीण जीवन की संवेदनाएँ झलकती हैं। इन्होंने साहित्य-जीवन के शुरुआत में 'वाकानाशू' (1897) नामक कविताएँ लिखीं जिसके द्वारा जापान की कविता को नया आयाम मिला। इन्होंने किसानों, मजदूरों और ग्रामीण जीवन पर उस समय लिखा जब जापान में औद्योगिक विकास के तहत बड़े-बड़े कल-कारखाने बन रहे थे।

इनका जन्म 1872 में चिकुमा प्रांत के मागोमे गाँव में हुआ। पिता मासाकी, माँ नुई की ये सात संतानों में से आखिरी संतान थे। इनकी

मृत्यु 1943 में ब्रेन हेमरेज से हुई। इनके द्वारा बाल-किशोरों के लिए लिखी गई मुख्य रचनाएँ हैं: '*ओसानाकी मोनो*' (1917), '*फुरुसातो*' (1920), '*ओसानामोनो गातारी*' (1924), '*नोबिजिताकू*' (1925)।

'फुरुसातो' संकलन में गाँव छोड़ने के दुख का चित्रण है—वह गाँव, जहाँ वे पलकर बड़े हुए, वहाँ की अनेक स्मृतियाँ, झाँकियाँ, रीति-रिवाज और वहाँ रहने वालों के बारे में कई सुन्दर और सरल प्रसंग बाल-सुलभ शैली के कारण आज भी बहुत लोकप्रिय हैं।

आवा नाओको

(1943-1992)

1943 में तोक्यो में जन्मी आवा नाओको को काल्पनिक दुनिया और परियों के देश की शहज़ादी कहा जाए तो अतिशयोक्ति नहीं होगी। खयाली दुनिया और परियों के माध्यम से समाज के विभिन्न पहलुओं का वास्तविक चित्रण करने में इन्हें महारत हासिल थी। प्रकृति और समाज का चित्रण मात्र इनका उद्देश्य नहीं था। नाओको चाहती थीं कि इन्सान प्रकृति के सौंदर्य और संसाधन का भोग अपनी आवश्यकता के अनुरूप करे।

इनकी अन्य मुख्य रचनाएँ हैं: '*खित्सुने नो यूशोकुकाइ*' (लोमड़ी की दावत, 1976), '*तोई नोबारा नो मुरा*' (दूर जंगली गुलाबों का एक गाँव, 1981), '*काजे तो कि नो उता*' (हवा और पेड़ के गीत, 1972) इत्यादि।

सन् 1970 में इन्हें '*सानशोक्को*' नामक कहानी पर जापान बाल साहित्य नवागत पुरस्कार (*निहोन जिदो बुनगाकु क्योकाइ शिनजिनश्यो*) हासिल हुआ। 1973 में इन्हें '*काजे तो कि नो उता*' और '*खित्सुने नो मादो*' के लिए स्कूल संस्थान साहित्य पुरस्कार (*श्योगाकुकान बुनगाकुश्यो*) एवं 1981 में '*तोइनोबारा नो मुरा*' पर नोमा बाल साहित्य कला परिषद

पुरस्कार (*नोमाजिदो बुनगेइश्यो*) से नवाजा गया। 1984 में '*काजे नो रोरासुकेतो*' पर नीइमी नानकिचि बाल साहित्य पुरस्कार (नीइमी नानकिचि जिदो बुनगाकु श्यो) से इन्हें सम्मानित किया गया।

फंतासी की दुनिया को चित्रित करने वालों में आवा नाओको के अलावा अन्य नाम सातो सातोरू (1928) एवं इनुई तोमिको (1924) हैं।

युद्धोत्तर बाल साहित्य में ताकेयो मिचियो (1903–1984) की '*बिरूमा नो तातेकोतो* (हरा तोता) एवं त्सुबाई साकाए (1899–1968) का '*नीजू योन नो हितोमी*' (चौबीस नेत्रगोलक) नामक रचनाएँ प्रमुख हैं जो युद्धोत्तर समाज की पीड़ा एवं बच्चों की मन:स्थिति दर्शाती हैं। ये रचनाएँ पीड़ितों के दृष्टिकोण से लिखी गई हैं; परन्तु आज के जापान में शारीरिक रूप से लाचार बच्चों के विषय में लिखने वाले लेखकों में ओका सूजो का नाम है जिन्होंने अपराधी के दृष्टिकोण से बच्चों का साहित्य लिखा। '*बोकु नो ओनेसान*' (मेरी दीदी) नामक इनकी रचना इस संदर्भ में मुख्य स्थान रखती है।

मात्सुतानी मियोको

(1926–)

मात्सुतानी मियोको का जन्म 15 फरवरी, 1926 में तोक्यो के काँदा नामक शहर में हुआ। त्सुबोता जोजी को ये अपना गुरु मानती हैं। इन्होंने लोककथाओं को मुख्यरूप से अपनी रचनाओं का आधार बनाया। इनकी मुख्य रचनाएँ हैं: '*काई नी नात्ता कोदोमो*' (सीपी में बदला बच्चा, 1951), '*तात्सु नो को तारो*' (ड्रैगन का पुत्र तारो, 1960), '*फुतारी नो ईदा*' (दो ईदा, 1969)।

1951 में '*काई नी नात्ता कोदोमो*' के लिए इन्हें बाल साहित्य-संस्थान का 'नवागत पुरस्कार' मिला। 1960 में इनकी

रचना '*तात्सु नो को तारो*' को अंतर्राष्ट्रीय ऐण्डर्सन पुरस्कार और '*चीसाइ मोमो चान*' पर नोमा बाल-साहित्य कला पुरस्कार प्रदान किया गया। '*तात्सु नो को तारो*' को जापान के सर्वश्रेष्ठ बाल-साहित्य पुरस्कार आकाई तोरी से सम्मानित किया गया।

मात्सुतानी मियोको तत्कालीन जापान की अग्रणी बाल-साहित्य रचनाकार हैं।

जापान में आज का हर साहित्यकार चाहे वह कितना भी महान या बड़ा क्यों न हो, बच्चों के लिए मनोरंजक साहित्य के सृजन में लगा रहता है। जरूरी नहीं कि हर साहित्यकार हमेशा नई कहानी, कविता आदि ही लिखे; बल्कि सामाजिक तथा बौद्धिक परिवेश में बच्चों की आवश्यकताओं के अनुरूप पुरानी कहानियों-दंत कथाओं, लोक कथाओं-को रूपांतरित कर बच्चों तक पहुँचाना वे अपने सामाजिक उत्तरदायित्व का एक महत्त्वपूर्ण हिस्सा मानते हैं। जापानी साहित्यकार मानते हैं कि बच्चों की कल्पना शक्ति तथा उनकी बौद्धिक क्षमता इतनी विशाल और गहरी है कि उसकी तह तक पहुँच पाना प्रायः असंभव है। फिर भी मानवीय संवेदनाओं और भावनाओं की सूक्ष्मतर अभिव्यक्ति की पहचान जिसके बगैर साहित्य सृजन असंभव है, बच्चों के मन और हृदय में झाँके बगैर पाना नामुमकिन है।

औद्योगीकरण तथा शहरीकरण के साथ जापान में लगभग ग्रामीण क्षेत्र और समुदाय धीरे-धीरे खत्म होते गए हैं, फिर भी अपने जीवन-शैली के द्वारा उन्होंने अपनी पुरानी संस्कृति को जिंदा रखा है। यद्यपि जापान में ग्रामीण लोक-जीवन का हर पहलू का वर्षों से लगातार अभिलेखन होता रहा है फिर भी बाल साहित्यकार लोक-कथाओं, मिथकों आदि की तलाश में शहरों से दूर स्थित विभिन्न लोक-समुदायों के साथ सम्पर्क बनाए हुए हैं। ऐसी खोजयात्रा साहित्यकारों के व्यावसायिक जीवन का एक अभिन्न हिस्सा बन गया है जिसके जरिए बालोपयोगी साहित्य के सृजन में मदद तो मिलती ही है साथ में सांस्कृतिक संपदा का संरक्षण भी होता है।

संदर्भ सूची

1. शिन्सोगो जुसेत्सु कोकुगो, तोक्यो शोसेकी
2. रिमर जे थोमस, अ रीडर्स गाइड जैपनीज लिटरेचर, कोदान्शा इनटरनैशनल, तोक्यो
3. मिमामे तात्सुजी, निहोन बुन्गाकु शी योऐत्सु, शिन्तोशा, 1990
4. ओकुओ तेरूओ एवं अन्य, गेन्दाइ निहोन बुन्गाकु शी, र्‌यूकानशोइन, 1998
5. आकीयामा, शिन्पेन कोकुगो बेन्रान, चूओतोशो, 1985
6. हामाकावा कात्सुहिको, ओकी ओसामु, निहोन बुन्गाकु शी, सूकेनशुप्पान, 2001.
7. कीन डोनाल्ड: डाण्न टू द वेस्ट, अ हिस्ट्री आफ जैपनीज लिटरेचर, खण्ड 4, कोलम्बिया युनिवर्सिटी प्रेस, न्यू यार्क 1999
8. योशिए ओकाजाकी, जैप्नीज कल्चर इन द मेइजी एरा, खण्ड एक, लिटरेचर, द तोक्यो बुन्को, तोक्यो जापान
9. रिमर जे थोमस, माडर्न जैप्नीज फिक्शन एण्ड इट्स ट्रेडिशन एन इन्ट्रोडक्शन, प्रिन्सटन युनिवर्सिटी, प्रिन्सटन, न्यू जर्से।
10. गेसैल वैवॉन सी. व तोमोने मात्सुमोतो, द शोवा एन्थे लॉजी मॉडर्न जैप्नीज शार्ट स्टोरीज़, कोदान्शा इन्टरनेशनल, तोक्यो, न्यूयोर्क, लन्दन।
11. कीन डोनाल्ड, डॉन टू द वैस्ट जैपनीज लिटरेचर आफ द माडर्न एरा, फिक्सन, रिनेहार्ट एण्ड विन्सटन, न्यू योर्क।
12. शूइची कातो, अ हिस्ट्री ऑफ जैपनीज लिटरेचर: फ्रोम द मान्योशू टू मॉडर्न टाइम्स, जापान लाइब्रेरी, 1997।
13. नेपियर सूसन जे., एस्केप फ्रौम द वेस्टलैण्ड: रोमान्टिसिज्म एण्ड रियलिज्म इन द फिक्शन आफ मिशिमा युकियो एण्ड ओए केन्जाबुरो, हावर्ड युनिवर्सिटी 1991
14. शोनेन शोजो निहोन बुन्गाकुकान 1–30 खण्ड, कोदान्शा, तोक्यो, 1986
15. शिन्चो निहोन बुन्गाकु 1–64 खण्ड, शिन्चोशा, तोक्यो,
16. कोनोतोशिरो एवं अन्य, मेइजी नो बुन्गाकु, यूगासा काकूसेन्शो, तोक्यो, 1972

17. योनाहा केइको, गेन्दाई जोर्यू साक्कारोन, शिन्बीशा, तोक्यो, 1986
18. कोनिशी जिनिचि, हिस्ट्री आफ जैपनीज लिटरेचर, खण्ड एक, प्रिन्सटन यूनिवर्सिटी प्रेस, 1984।
19. इरेना पौवेल, राइटर्स एण्ड सोसाइटी इन मॉडर्न जापान, कोदान्शा, तोक्यो, 1983।
20. उएदा माकोतो, मॉडर्न जैपनीज राइटर्स: द नेचर आफ लिटरेचर, कैलिफौर्निया स्टेन्फार्ड युनिवर्सिटी प्रेस, 1976
21. सच्चिदानन्द उनीता, ओए केन्जाबुरो एण्ड हिज़ लिटररी वर्ल्ड, द *हिन्दुस्तान टाइम्स*, अक्तूबर 17, 1994
22. सच्चिदानन्द उनीता, वोमेन फिक्शन राइटर्स एण्ड ट्रैण्ड्स इन मॉडर्न जैपनीज लिटरेचर, *एशिया प्रशान्त*, अंक 2 (1)
23. सच्चिदानन्द उनीता, "आरीओशी सावाको: ए लिटररी सिनोप्सिस", सिम्पोजियम रिपोर्ट और जैपनीज स्अडीज़ एण्ड जैपनीज लैंगवेज एजुकेशन इन इण्डिया, अंक 1, 1998
24. सच्चिदानन्द उनीता, जैण्डर क्वैशचंस इन मॉडर्न जैपनीज लिटरेचर, *इकोनौमिक एण्ड पौलिटिकल वीकली*, अंक XXIX (1 एवं 2)
25. सच्चिदानन्द उनीता, (अन) मास्किंग वोमेन: तानीज़ाकीज़ फन्टैसीज़, जैपनीज लैंगवेज एजुकेशन इन इण्डिया, अंक 4, 2001
26. लिप्पिट, नोरिको मिज़ुता व क्योको इरिए सेल्देन, अनुवाद व सम्पादक जैपनीज वोमेन राइटर्स: ट्वेंटीएथ सेन्चुरी शौर्ट फ़िक्शन, इस्ट गेट बुक, 1991

डा॰ उनीता सच्चिदानन्द द्वारा रूपान्तरित, अनूदित, सम्पादित व रचित और राजकमल प्रकाशन द्वारा प्रकाशित जापानी साहित्य

(मूल और अनूदित शीर्षक हिन्दी व जापानी में)

जापानी लोककथाएं : तसवीर का फेर

日本の民話:タスワィール カ フェール

1.	絵姿女房 (एसुगाता न्योबो)	1.	तसवीर का फेर (タスワィールカ フェール)
2.	猿地蔵 (सारु जिजो)	2.	नदी में देवता (ナディーメデワタ)
3.	やまたのおろち (यामाता नो ओरोची)	3.	छाए बादल (チャーエバダル)
4.	七夕 (तानाबाता)	4.	तानाबाता (タナバタ)
5.	一寸法師 (इस्सुनबोशी)	5.	इस्सुन बोशी (イッスンボシ)
6.	桃太郎 (मोमोतारो)	6.	मोमोतारो (モモタロ)
7.	古屋のもり (फुरुया नो मोरी)	7.	टप-टप गुम्बा (タプタプグッムバ)

जापानी लोककथाएं :लोमड़ी की जपमाला

日本の民話:ロムリーキージャプマラー

1.	天福地福 (तेन्बुकुजिबुकु)	1.	सपना सच हुआ (サプナサッチフア)
2.	鷹鰕鮫 (ताका एबी सामे)	2.	बड़ा कौन (バラコウン)
3.	狐の玉の取り合い (खित्सुने नो तामा नो तोरिआइ)	3.	लोमड़ी की जपमाला (ロムリーキージャプマラー)

4.	木仏長者 (कियोतोके चोजा)	4. विश्वास का बल (ウィスワース カバール)
5.	宝下駄 (ताकारा गेता)	5. लुढ़कता खड़ाऊँ (ルラクタカラウン)
6.	五得の教え (गोतोकु नो ओशिए)	6. एक एहसान बढ़ा पांच मान (エクエヘサン バラパンチマン)
7.	鴇の卵 (तोकी नो तामागो)	7. बुज्जा का अण्डा (ブッジャーカアンダ)

पांच चोर
नीइमी नानकिचि
パンチ チョール
新美南吉

1.	花のき村と盗人たち (हानानोकिमुरा तो नुसुबितोताची)	1. पांच चोर (パンチチョール)
2.	おじさんのランプ (ओजीसान नो राम्पु)	2. दादाजी की लालटेन (ダダジキラルテン)
3.	ごんぎつね (गोन गित्सुने)	3. गोन लोमड़ी (ゴンロムリー)
4.	手袋を買いに (तेबुकुरो ओ काई नी)	4. दस्ताने (ダスタネ)

मेरी दीदी : ओका शूज़ो
メリーディーディー
丘修三

1.	ぼくのお姉さん (बोकु नो ओनेसान)	1. मेरी दीदी (メリーディーディー)
2.	歯型	2. दांतों के निशान

(हागाता) | (ダントウケーニシャン)

3. 首かざり (कूबी काज़ारी) | 3. माला (マラー)

वाशिंगटन पोस्टमार्च: ओका शूज़ो *

ワシングトンポスト.マーチ

丘 修三

1. あざ (आज़ा) | 1. नीले धब्बे (ニレーダッベ)

2. こおろぎ (कोओरोगी) | 2. झींगुर (ジーングル)

3. ワシントンポスト マーチ (वाशिनटोन पोसुतोमाचि) | 3. वाशिंगटन पोस्टमार्च (ワシングトンポスト マーチ)

* अनुवाद योशिको ओकागुची , सम्पादन: डा॰ उनीता सच्चिदानन्द

राक्षस फूट-फूट कर रोया

हामादा हिरोसुके, त्सुबोता जोजी ,मुशानोकोजी सानेआत्सु,

ラクシャシ フートフート カルロヤ

浜田廣介, 坪田譲治, 武者小路実篤

1. 泣いた赤鬼 (नाइता आका ओनी) | 1. राक्षस फूटफूट कर रोया (ラクシャシフートフートカルロヤ)

2. ある島の狐 (आरु शिमा नो खित्सुने) | 2. एक द्वीप की लोमड़ी (エクデュイープキロムリー)

3. 狐解葡萄 (खित्सुने तो बुदो) | 3. लोमड़ी और अंगूर (ロムリーオウルアングール)

4. 小学生と狐 (श्योगाकुसेइ तो खित्सुने) | 4. लोमड़ी की सीख (ロムリーキシーク)

जलपरी

ओगावा मिमेइ, शिमाज़ाकी तोसोन, कोजिमा मासाजिरो

ジャルパリー

小川未明, 島崎藤村,小島政二郎

1.	赤いろうそくと人形 (आकाइ रोसोकु तो निन्ग्यो)	1.	जलपरी (ジャルパリー-)
2.	殿様の茶碗 तोनोसामा नो चावान)	2.	कटोरी (カトリー)
3.	二人の兄弟 (फुतारी नो क्योदाइ)	3.	दो भाई (ドバイー)
4.	笛 (फुए)	4.	बांसुरी (バンスリー)

जंगली गुलाब

मियाज़ावा केन्जी , आवा नावाको , ओगावा मिमेइ

ジャンギリーグラブ

小川未明, 宮沢賢治, 安房直子

1.	野ばら (नोबारा)	1.	जंगली गुलाब (ジャンギリーグラブ)
2.	白い門のある家 (शिरोइ मोन नो आरु इए)	2.	सफेद फाटक का एक घर (サフェーデュファタクカエクガール)
3.	月夜と眼鏡 (त्सुकियो तो मेगाने)	3.	चांदनी रात और चश्मा (チャンドニラートオウルチャシマ)
4.	眠い町 (नेमुइ माची)	4.	उनींदा शहर (ウニンダシェヘル)
5.	注文の多い料理店 (चूमोन नो ओइ रयोरितेन)	5.	अनन्त फ़रमाइशों का भोजनालय (アナントファルマイ

シヨカボジナラヤ)

6. どんぐりと山猫 (दोनगुरि तो यामानेको) — 6. बन बिलाव (バンビラウ)

7. 狐の窓 (खित्सुने नो मादो) — लोमड़ी की खिड़की (ロムリーキキルキー)

नाक बनी मुसीबत

शिगा नाओया, आकुतागावा रयूनोसुके, आरिशिमा ताकेओ, मात्सुतानी मियोको

ナクバニムシーバト

志賀直哉,
芥川龍之介, 有島武郎, 松谷みよこ

1. 小僧の神様 (कोज़ो नो कामीसामा) — 1. नन्हे का भगवान (ナンヘカバグワン)

2. 城の崎にて (किनोसाकी निते) — 2. किनोसाकी से (キノサキーセ)

3. 鼻 (हाना) — 3. नाक बनी मुसीबत (ナクバニムシーバト)

4. 一房の葡萄 (हितोफुसा नो बुदो) — 4. अंगूर का एक गुच्छा (アングールカエクグッチャ)

5. 黒猫四代 (कुरोनेको योन्दाइ) — 5. एक और काली बिल्ली (エクオウルカリービッリー)

मृतात्मा का गीत

आबे कोबो, साता इनेको, हायाशी फुमिको

ミリッタトマカギート

安部公房, 佐多稲子, 林富美子

1. キャラメル工場から (क्यारामेरु कोजो कारा) — 1. कैरेमल कारखाने से (ケレマルカールカーネセー)

2. 死んだ娘が歌った शिन्दा मुसुमे गा उतात्ता)	2. मृतात्मा का गीत (ミリッタトマ カギート)
3. ふうきんと魚の町 (फूकिन तो उओ नो माची)	3. अकार्डियन (アコルディヤン)

हथेली-भर कहानियां

कावाबाता यासुनारी *

ハテリーバールカハニヤン

川端康成

1. 秋の雨 (आकी नो आमे)	1. पतझड़ की बारिश (パトジャルキバ リシュ)
2. さざん花 (साज़ान्का)	2. पुनर्जन्म (プナルジャンム)
3. 有難う (आरीगातो)	3. धन्यवाद (ダニヤバード)
4. 日向 (हिनाता)	4. धूप (ドゥープ)
5. 不死 (फुशी)	5. अमर (アマル)
6. 母の眼 (हाहा नो मे)	6. दृष्टि (ディリシティー)
7. 玉台 (तामादाइ)	7. बिलियर्ड्स (ビリヤード)
8. 雀の媒酌 (सुज़ुमे नो बाइशाकू)	8. बिचौलिया (ビチョリヤ)
9. 夏の靴 (नात्सु नो कुत्सु)	9. जूते (ジューテ)
10 歴史 (रेकिशि)	10. इतिहास (イティハス)
11. 胡 子盗人	11. चोर

	(गुमी नुसुबितो)		(チョール)
12.	夜天の微笑	12.	मुसकान
	(यातेन नो बिशो)		(ムスカン)
13.	雨傘	13.	छाता
	(आमागासा)		(チャター)
14.	顔	14.	चेहरा
	(काओ)		(チェヘラ)
15.	喧嘩	15.	झगड़े
	(केन्का)		(ジャグレ)

* संकलन व सम्पादन: डा॰ उनीता सच्चिदानन्द

जापानी साहित्य दर्शन : मेइजी से शोवा तक
日本文学の旅: 明治から昭和まで

राशोमोन एवं अन्य कहानियाँ : आकुतागावा रयूनोसुके
ラショモンエワムアンヤカハニヤン

芥川龍之介

1.	羅生門	1.	राशोमोन
	(राशोमोन)		(ラショモン)
2.	蜜柑	2.	संतरे
	(मिकान)		(サンタレ)
3.	蜘蛛の糸	3.	मकड़ी के जाल का एक तार
	(कुमो नो इतो)		(マカリケジャルカエクタール)
4.	杜子春	4.	तोशिशुन
	(तोशिशुन)		(トシシュン)
5.	白	5.	शिरो
	(शिरो)		(シロ)

सानशोदायु : मोरी ओगाई
サンショウダユ: 森 鴎外

1.	山 सानशोदायु	1.	सानशोदायु (サンショウダユ)
2.	高瀬舟 (ताकासेबुने)	2.	अंधेरे में एक नाव चलती थी (アンデレメエクナウチャルティーティー)
3.	最後の一句 (साइगो नो इक्कु)	3.	आखिरी पंक्ति (アキリパンクティ)

बिन कान का होइची
कोइज़ुमी याकुमो
ビンカンカホイチ
小泉八雲

1.	耳なし芳一のはなし (मिमिनाशि होइची नो हानाशी)	1.	बिन कान का होइची (ビンカンカホイチ)
2.	雪おんな (युकि ओन्ना)	2.	बर्फ़ सुन्दरी (バルフスンダリー)
3.	ものを言うふとん (मोनो ओ इउ फुतोन)	3.	बच्चों की रज़ाई (バッチョンーキラシャーイ)
4.	宝石の涙 (होसेकी नो नामिदा)	4.	आंसू बने मोती (アンスーバネモティー)
5.	みずな (मिज़ुना)	5.	कुनीज़ाका की ढलान (クニザカキダラン)
6.	かたい約束 (काताइ याकुसोकु)	6.	सोएमोन भूला नहीं (ソエモンブーラナヒン)